Alexandra Gferer

Pflegepersonal erfolgreich binden

Dieses Buch
widme ich allen Pflegepersonen
in tiefer Dankbarkeit,
Wertschätzung und Hochachtung
für all euer unglaubliches und großartiges
Engagement in der Pflege!

ALEXANDRA GFERER

Pflegepersonal erfolgreich binden

Handlungsfelder und Lösungsansätze für das Pflegemanagement

Um die Checklisten auch direkt ausdrucken zu können, stehen die meisten davon als Download zur Verfügung:

Bibliografische Information der Deutschen Nationalbibliothek
Die Deutsche Nationalbibliothek verzeichnet diese Publikation in der Deutschen Nationalbibliografie; detaillierte bibliografische Daten sind im Internet über http://dnb.d-nb.de abrufbar.

Facultas Verlags- und Buchhandels AG
Lektorat: Sabine Schlüter, Wien
Umschlagbild: © KVLADIMIRV, istockphoto.com
Typografie und Satz: Florian Spielauer, Wien
Druck: Facultas Verlags- und Buchhandels AG
Printed in Austria
ISBN 978-3-7089-2369-7
E-ISBN 978-3-99111-774-2

Vorwort

Dieses Buch setzt sich intensiv mit einer erfolgreichen und nachhaltigen Bindung von Pflegepersonen im Gesundheitsbereich auseinander. Es werden die unterschiedlichen Faktoren aufgezeigt, die zu einem potentiellen Berufsausstieg führen können, sowie auch die verschiedenen Faktoren, die den Verbleib im Beruf stärken. Der Band zeigt konkrete Handlungsfelder und vielseitige Lösungsansätze für eine erfolgreiche und nachhaltige Personalbindung auf und liefert wertvolle Impulse für Führungskräfte. Ziel dieses Buches ist es, Führungskräfte in ihrem Führungsverständnis und -verhalten positiv zu beeinflussen, ihre Schlüsselrolle in der Zusammen- und Beziehungsarbeit mit ihren Mitarbeiter*innen stärker bewusst zu machen und sie dazu zu bewegen, den Fokus ihrer Führung stärker auf die erfolgreiche und nachhaltige Bindung ihrer Mitarbeiter*innen an die eigene Organisation zu legen.

Ziel war es, ein kompaktes, praxisnahes und interaktives Buch für Pflegepersonen auf unterschiedlichen Führungsebenen zu gestalten und die Möglichkeit einer intensiven Selbstreflexion zu schaffen.

Dieses Buch ist das Ergebnis einer jahrelangen intensiven Auseinandersetzung mit diesem Themenfeld und führt unterschiedliche internationale und nationale Erkenntnisse, Forschungsergebnisse aus der Literatur sowie eigene Forschungsergebnisse (qualitative Forschung 2020 und quantitative Forschung 2021) zu einem Gesamtwerk zusammen.

Ich wünsche allen viel Freude, neue Erkenntnisse und spannende Impulse beim Lesen dieses Buches!

Wien, im Jänner 2023

Alexandra Gferer

Pflegeverständnis

Pflege ist meine große Leidenschaft, denn der Pflegeberuf ist ein unglaublich vielfältiger, sinnstiftender und hoch professioneller Beruf, der eine hohe Fachexpertise, Verantwortungsbewusstsein und Teamwork erfordert. Der perfekte Beruf, um das eigene Engagement einbringen, die Zukunft der Pflege aktiv mitgestalten und sich durch ein lebenslanges Lernen beruflich weiterentwickeln und entfalten zu können!

Pflege bedeutet für mich persönlich Empowerment im Sinne gegenseitiger Bestärkung, Erkenntnis und Förderung von Fähigkeiten und Potentialen sowie gegenseitiger Unterstützung und Solidarität als Berufsgruppe!

Pflege heißt für mich, gemeinsam ein starkes Teamwork zu leben!

I love to be a nurse
&
I am proud to be a nurse!

Wien, im Jänner 2023

Alexandra Gferer

Danksagung

In tiefer Dankbarkeit und Liebe für meine Mutter Michaela und meine Großmutter Nadja, die sich ihr ganzes Leben lang selbst mit größtem Engagement der Pflege gewidmet haben und mir bis heute die größten Vorbilder sind – Ich danke euch aus tiefstem Herzen für all eure Liebe, Fürsorge und Unterstützung auf meinem Lebensweg!

In tiefer Dankbarkeit und Liebe für meine Schwester Natali – ohne dein Empowerment und deine unglaubliche Unterstützung hätten sich viele Träume nicht erfüllt. Ich danke dir für all deine Unterstützung und den starken gemeinsamen Zusammenhalt!

In tiefer Liebe, Verbundenheit und Dankbarkeit für die große Liebe meines Lebens, Martin, für all deine unglaubliche Unterstützung, dein Empowerment, deine Fürsorge, dein Verständnis, deine Loyalität und deine aufrichtige Liebe sowie den gemeinsamen langjährigen Lebensweg!

Ich liebe euch und bin dankbar dafür, dass ich so eine wundervolle Familie wie euch habe!

Danke für alles!

Danksagung

Vielen herzlichen Dank an FH-Prof.in Mag.a Dr.in Roswitha Engel für die großartige Unterstützung, all die Wertschätzung und den Raum, wachsen, sich weiterentwickeln und entfalten zu dürfen!

Vielen herzlichen Dank an Johanna Binder, BSc MSc, für die unglaubliche Unterstützung, das Verständnis, den Rückhalt und die Fürsorge!

Vielen herzlichen Dank an Vera Niemannsgnuss, MSc, für die unglaubliche Unterstützung, das Empowerment und die Fürsorge!

Vielen herzlichen Dank an FH-Prof.in Mag.a Bettina Madleitner für die großartige Unterstützung, das Empowerment sowie all die Bestärkung und Ermutigung!

Vielen herzlichen Dank an FH-Prof.in Mag.a Dr.in Elisabeth Haslinger-Baumann für die großartige Unterstützung, das Empowerment und den gemeinsamen Zusammenhalt!

Vielen herzlichen Dank an FH-Hon.-Prof. Mag. Dr. Oliver Radinger, BA, für die umfangreiche Unterstützung, Begleitung und Beratung bei meiner wissenschaftlichen Forschungstätigkeit!

Vielen lieben Dank an das Lehrenden-Team der FH Campus Wien für die gegenseitige Unterstützung, den Zusammenhalt und das gute Teamwork miteinander!

Vielen herzlichen Dank an Mag.a Elisabeth Potzmann und den ÖGKV für die Unterstützung beim Feldzugang sowie bei der Veröffentlichung und Verbreitung der Forschungsergebnisse der GuK-C19-Studie!

Vielen herzlichen Dank an den Wiener Gesundheitsverbund und das Allgemeine Krankenhaus der Stadt Wien als jenen Ort, an dem ich meine Berufserfahrung und -expertise sammeln durfte und dem ich mich immer verbunden fühlen werde!

Vielen lieben Dank an meine ehemaligen Teams im AKH für die wunderbare gemeinsame Zusammenarbeit, die gegenseitige Unterstützung und die schöne Zeit!

Vielen herzlichen Dank an Mag.a Cornelia Russ für die Möglichkeit, mir mit diesem Buch einen Lebenstraum zu erfüllen, und die damit verbundene großartige Betreuung, Begleitung und Unterstützung bei der Entstehung dieses Buches!

Vielen herzlichen Dank an Mag.a Sabine Schlüter für die ausgezeichnete Betreuung, Begleitung und Unterstützung bei der Entstehung dieses Buches!

Vielen herzlichen Dank an alle Pflegepersonen, die an meiner Forschungstätigkeit mitgewirkt haben – für die Unterstützung, Wertschätzung und Solidarität!

Inhaltsverzeichnis

1 Bindung als Erfolgsfaktor

Unter der Bindung von Mitarbeiter*innen wird ein **wechselseitiger Prozess** verstanden, dessen Grundlage die Zusammenarbeit zwischen den Mitarbeiter*innen, den Führungskräften und der Organisation darstellt. Diese Dynamik führt dazu, dass eine kontinuierliche Anpassung sowie eine große Flexibilität notwendig sind, um die Bindung auf Dauer positiv zu gestalten. Es handelt sich bei der Mitarbeiterbindung somit um einen fortwährenden und dauerhaften Prozess, der von einem **dynamischen Zusammenspiel** zwischen den Mitarbeiter*innen, den Führungskräften und der Organisation geprägt wird. Maßnahmen zur Bindung von Mitarbeiter*innen sind dann am wirksamsten, wenn sie sich möglichst nah an deren konkreten Bedürfnissen orientieren. Die Stärkung der sozialen Gruppe am Arbeitsplatz stellt dabei einen wichtigen Aspekt dar.

Die Bindung von Mitarbeiter*innen ist kein einfacher Prozess, da es sich einerseits um eine „Daueraufgabe" handelt und andererseits das Engagement von allen Beteiligten erforderlich ist. Bei der Mitarbeiterbindung handelt es sich somit grundsätzlich um einen dauerhaften und komplexen Prozess. Er kann daher nie als beendet angesehen werden und ist der kontinuierlichen Bereitschaft zur **Anpassung und Veränderung** unterworfen. Zusätzlich sind die Maßnahmen und Strategien zur Bindung von Mitarbeiter*innen direkt an die Bedürfnisse der Mitarbeiter*innen zu knüpfen. Eine kontinuierliche Anpassung muss ständig erfolgen und inkludiert zwei Elemente – einerseits die Anpassung der Mitarbeiter*innen an eine sich verändernde (lernende) Organisation und andererseits die Anpassung der Organisation an sich verändernde Mitarbeiter*innen bzw. Individuen (Loffing & Loffing, 2010).

Insbesondere im Pflegebereich ist die Bindung von Mitarbeiter*innen von zentraler Bedeutung, da diese Branche wie keine andere von einem massiven Personalmangel betroffen ist und sich die Gewinnung von qualifizierten Fach- und Führungskräften als überaus schwierig darstellt – es kommt zu einem sogenannten „war of anybody" (Loffing & Loffing, 2010). Dieser Mangel führt dazu, dass sich 1. die **Attraktivität** von Organisationen, 2. die **Loyalität** der Mitarbeiter*innen und 3. die **Verbleiberate** von Fachkräften zu entscheidenden strategischen Wettbewerbsvorteilen entwickeln (Wolf, 2012). Das bedeutet, dass die Mitarbeiterbindung in Zeiten des zunehmenden Fach- und Führungskräftemangels nichts mehr ist, das nur „Nice-to-have" für Organisationen ist, sondern einen strategisch höchst bedeutsamen **Erfolgsfaktor** darstellt. Eine Intensivierung der Bindung von Mitarbeiter*innen wird für die Organisationen und deren Existenz- und Wettbewerbsfähigkeit immer entscheidender (Wolf, 2018).

Berufliche und organisationale Bindung

In Bezug auf die berufliche und organisationale Bindung besteht bei Pflegepersonen eine signifikant höhere **Bindung an den Beruf** als an die Organisation. Die berufliche Bindung von Pflegepersonen wird positiv geprägt durch die Motivation und das Engagement, die den zu Pflegenden entgegengebracht werden. Negativ beeinflusst wird die berufliche Bindung durch die geringe Anerkennung im Verhältnis zum hohen Engagement der Arbeit im Pflegebereich. Die organisationale Bindung an kleinere Einrichtungen ist stärker ausgeprägt als an große Einrichtungen. Es besteht eindeutig ein Zusammenhang zwischen der organisationalen und beruflichen Bindung und der Absicht, den Pflegeberuf zu verlassen (Hasselhorn, Müller, Tackenberg, Kümmerling & Simon, 2005).

Affektives Commitment

Das affektive Commitment bezieht sich auf die **emotionale Verbundenheit** von Mitarbeiter*innen mit der arbeitgebenden Organisation. Mitarbeiter*innen mit einem affektiven Commitment empfinden Freude und Stolz, zu ihrer Organisation dazuzugehören, und sind bereit, sich ihr gegenüber loyal zu verhalten. Sie fühlen sich der eigenen Organisation emotional verbunden, es besteht eine Übereinstimmung von Zielen und Werten, und sie bringen die Bereitschaft mit, im Sinne der Organisation zu handeln und damit aktiv zum Unternehmenserfolg beizutragen.

Großes affektives Commitment ist mit einer **hohen Arbeitszufriedenheit** verbunden. Je stärker sich die Mitarbeiter*innen der eigenen Organisation verbunden fühlen, desto größer ist auch ihre berufliche Leistung. Affektives Commitment wird sowohl durch einen **demokratischen Führungsstil** als auch durch eine **kontingente Belohnung** beeinflusst – das bedeutet, die Führungskraft ist verlässlich, zielorientiert und belohnt Leistungen positiv. Ein Laissez-faire-Führungsstil hat hingegen einen negativen Einfluss auf das affektive Commitment (Kanning, 2017).

Insbesondere die Variabilität und die **Gestaltung** von Arbeitsinhalten und -aufgaben, ein großer **Handlungsspielraum** am Arbeitsplatz sowie **positive soziale Beziehungen** führen zu einer Steigerung des affektiven Commitments (Stempel & Dettmers, 2018).

Normatives Commitment

Das normative Commitment basiert auf der Überzeugung, der arbeitgebenden Organisation verpflichtet zu sein, z. B. aufgrund der Finanzierung einer Aus- oder Weiterbildung sowie der jahrelangen zuverlässigen Auszahlung des Gehalts. Diese Mitarbeiter*innen würden sich selbst als undankbar erleben, wenn sie die Organisation z. B. für ein höheres Gehalt verlassen würden, und empfinden einen **normativen Druck** zur Verbundenheit mit der eigenen Organisation. Diese Mitarbeiter*innen sind nicht mit „Herzblut" oder Leidenschaft in ihrer Organisation tätig (Kanning, 2017).

Kalkulatorisches Commitment

Das kalkulatorische Commitment ist von einer kühlen **Abwägung von Vor- und Nachteilen**, die mit einer dauerhaften Zugehörigkeit zu der eigenen Organisation einhergehen, geprägt. Solange diese Mitarbeiter*innen bei ihrer eigenen Organisation mehr Vorteile wahrnehmen als durch einen Wechsel in eine andere Organisation vorhanden wären, erleben sie weiterhin Verbundenheit zur eigenen Organisation. Das kalkulatorische Commitment geht mit einer geringen beruflichen Leistung einher, denn Mitarbeiter*innen, die sich nur deshalb mit der eigenen Organisation verbunden fühlen, weil es keine besseren Alternativen gibt, finden mit dieser Einstellung keinen Antrieb für mehr berufliche Leistung und warten entweder auf einen Wechsel in eine andere Organisation, die ihnen mehr Vorteile bringt, oder verrichten in der eigenen Organisation bestenfalls **„Dienst nach Vorschrift"** (Kanning, 2017).

Zudem gibt es die sogenannten Push- und Pull-Faktoren. Die **Push-Faktoren** beschreiben jene Aspekte, die von einer Pflegeperson in der Organisation als negativ wahrgenommen werden und bei ihr zu dem Wunsch führen, die Organisation zu verlassen. Dazu zählen vor allem unzureichende Führungsqualitäten, ein „schlechtes" Arbeitsklima, Benachteiligung von einzelnen Personen oder Gruppen, eine einseitige Dienstplangestaltung zulasten der Mitarbeiter*innen sowie die unzureichende Berücksichtigung von persönlichen Faktoren wie z. B. Kinderbetreuung oder Gesundheitsbeeinträchtigungen.

Die **Pull-Faktoren** beschreiben jene Aspekte, die wie ein „Magnet" auf eine Pflegeperson wirken und einen positiven Anreiz schaffen, in der Organisation zu verbleiben. Zu den zentralsten Pull-Faktoren zählen vor allem flexible Arbeitszeitmodelle, die sich an den individuellen Lebenssituationen und -phasen, an der Vereinbarkeit mit dem Familienleben, am Lebensalter sowie an den vorhandenen Gesundheitsbeeinträchtigungen orientieren und diese mitberücksichtigen. Auch gezielte Personalentwicklung durch Weiterqualifizierungen, Aufstiegs- und Karrieremöglichkeiten sowie die Förderung der beruflichen Selbstverwirklichung innerhalb der Organisation gehören dazu (Hornung & Scheuring, 2015).

Je stärker Mitarbeiter*innen in die eigene Organisation **sozial eingebunden** sind, desto stärker wirken die Bindungsfaktoren. Soziale Kontakte am Arbeitsplatz, eine gute Vereinbarkeit von privaten Lebensumständen mit dem Arbeitsplatz, positive Erfahrungen im Berufsleben, große Arbeitszufriedenheit sowie die persönliche Identifizierung mit den Organisationszielen haben einen starken Einfluss auf die Personalbindung (Schafmeister, 2019).

Insbesondere Beförderungen, Partizipation, Vergütung sowie die Vielfalt von Arbeitsaufgaben üben einen starken Einfluss auf das Commitment von Mitarbeiter*innen aus. Je weniger diese sich der eigenen Organisation verbunden fühlen, desto größer ist ihre Bereitschaft, in eine andere Organisation zu wechseln. Zudem weisen Mitarbeiter*innen mit einer **höheren Qualifikation** auch eine **höhere Wechselbereitschaft** auf, weil sie oftmals mehr Möglichkeiten und Optionen haben (Kanning, 2017).

Für eine Organisation stellen vor allem Mitarbeiter*innen, die zu den sogenannten „High potentials" gehören, in Bezug auf das Verlassen der Organisation eine Gruppe mit hohem Risiko dar. Daher gilt es, diesen Mitarbeiter*innen von Anfang an besonders interessante und herausfordernde Aufgaben zu übertragen, sie im Rahmen von Mentoring-Programmen intensiv zu betreuen und **potentialorientiert zu fördern**, zu entwickeln und ihnen berufliche Perspektiven zu bieten.

Es ist zudem von einer besonderen Bedeutung, eine glaubwürdige und vertrauensvolle Organisations- und Führungskultur zu leben, bei der insbesondere der gezielten **Wertschätzung von Leistungen** der Mitarbeiter*innen eine zentrale Rolle zukommt – denn eine erfolgreiche und nachhaltige Personalbindung steht und fällt mit der gelebten Kultur in der Organisation und dem Selbstverständnis im Umgang mit den Mitarbeiter*innen (Flato & Reinbold-Scheible, 2008).

2 Faktoren für einen potentiellen Berufsausstieg

Ein Ausstieg von Gesundheits- und Krankenpfleger*innen aus dem Pflegeberuf stellt für die betroffenen Gesundheitsorganisationen ein zentrales Problem dar und führt zu einem zusätzlichen Personalmangel, zu einem weiteren Anstieg der Belastungen des bereits bestehenden Personals, erfordert eine ressourcenaufwändige Rekrutierung und Einarbeitung neuer Mitarbeiter*innen, bewirkt einen Verlust von Wissen und Know-how und hat letztendlich auch negative Auswirkungen auf die Arbeitszufriedenheit sowie auf die Qualität der Dienstleistungen.

Ein vorzeitiger Ausstieg bedeutet jedoch nicht nur eine Verschärfung des Personalmangels im Pflegebereich, sondern führt letztendlich auch zu einer **gesamtgesellschaftlichen Herausforderung** – denn das Problem betrifft nicht nur den Pflegebereich, sondern hat kurz-, mittel- und langfristig auch negative Auswirkungen auf die gesamte Gesundheitsversorgung der Bevölkerung. Das oberste Ziel ist es daher, das bereits bestehende und nachkommende Gesundheits- und Krankenpflegepersonal mit gezielten Maßnahmen nachhaltig an die eigene Organisation zu binden und dadurch einen langfristigen Verbleib im Pflegeberuf sicherzustellen.

Um eine erfolgreiche Personalbindung in Gesundheitsorganisationen zu erzielen, bedarf es eines tiefgehenden Wissens über die verschiedenen Faktoren, die einen Berufsausstieg begünstigen.

Die Faktoren für einen potentiellen Berufsausstieg (Abb. 1) beruhen auf Forschungserkenntnissen, welche im Rahmen der qualitativen Forschung der Autorin (Gferer, 2020) generiert werden konnten[1]. Die Darstellung dieser Forschungsergebnisse wurde für das **Ausstiegsfaktorenmodell** adaptiert:

1 Es wurden Interviews mit diplomierten Gesundheits- und Krankenpfleger*innen, die in österreichischen Krankenhäusern im normalstationären Bereich tätig sind, mit unterschiedlichem Lebensalter sowie Berufserfahrung und aus unterschiedlichen Bundesländern und Organisationen – unter strenger Wahrung der Anonymität – von der Autorin durchgeführt.

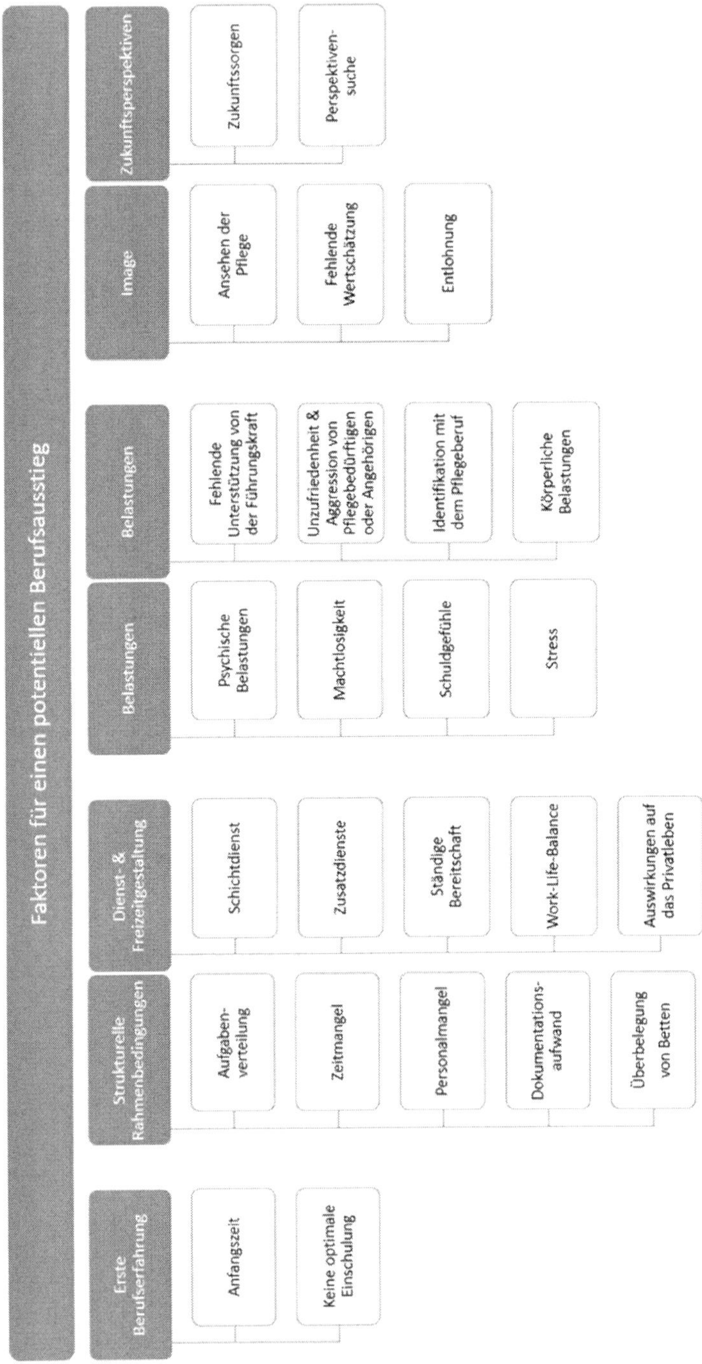

Abb. 1: Faktoren für einen potentiellen Berufsausstieg (adaptiert nach Gferer & Radinger, 2021)

3 Erste Berufserfahrung
(Faktor für einen potentiellen Berufsausstieg)

3.1 Anfangszeit (Handlungsfeld)

Nach Abschluss der dreijährigen pflegerischen Berufsausbildung sind Gesundheits- und Krankenpflegepersonen „überglücklich", freuen sich auf die Arbeit in der Pflegepraxis und können es kaum erwarten, ins Berufsleben zu starten. Die Anfangszeit im Pflegeberuf stellt für sie eine **Herausforderung** dar und ist an Sinneseindrücken „überwältigend". Sie wird als schwierig empfunden, und es wird als **Belastung** erlebt, in den Pflegeberuf hineinzufinden.

> „Die Eingewöhnungsphase mit der Situation – man ist nicht mehr in dieser Schülerrolle, sondern plötzlich in der Rolle der Krankenpflegeperson. Man ist verantwortlich für das, was man tut. Diese Zurechtfindungsphase, bis man das kann, das ist sehr hart."[2]

Die Gesundheits- und Krankenpfleger*innen sind in der Praxis mit komplexen Abläufen und unterschiedlichen Arbeitsschritten konfrontiert, die nicht auf Anhieb durchschaut werden, sondern in die man erst mit der Zeit hineinwächst. Der Einstieg in den Beruf ist mit Unzulänglichkeiten und auch Unsicherheiten in Bezug darauf, ob man seine Arbeit gut macht, verbunden. Es besteht der Anspruch, die Aufgaben nicht irgendwie, sondern gut zu erledigen und damit insgesamt eine gute Arbeit zu leisten. Die Gesundheits- und Krankenpfleger*innen stehen unter einem gewissen Druck, der spürbar ist und damit zu tun hat, **sich unbedingt beweisen** und behaupten zu wollen.

Die **„Zurechtfindungsphase"**, bis man sich als Gesundheits- und Krankenpflegeperson in der Berufsausübung sicher fühlt, sich im Arbeitsalltag mit den komplexen Abläufen zurechtfindet und sich einen Stellenwert im Team erarbeitet, dauert mindestens ein Jahr. In der Anfangszeit ist es eine Erleichterung und Unterstützung, eine **Ansprechperson** für Fragen zu haben, gemeinsam mit **erfahrenen Pflegepersonen** im Dienst zu sein, zumindest im ersten Monat nur **kurze Dienste** zu leisten und noch **keine Gruppen** mit Pflegebedürftigen von Beginn an und zur Gänze selbst übernehmen zu müssen. Wird das erste Jahr im Pflegeberuf als „Hölle" erlebt, überlegen die Pflegepersonen ernsthaft, aus dem Pflegeberuf wieder auszusteigen. Diese Anfangszeit, in der die erste Berufserfahrung gesammelt wird, ist entscheidend für den weiteren **Berufsverbleib**.

2 Die Originalaussagen von Gesundheits- und Krankenpflegepersonen in diesem Band sind den unveröffentlichten Materialien einer Studie der Autorin (Gferer, 2020) entnommen. Die Zitate wurden im Sinne grammatikalischer Korrektheit und besserer Lesbarkeit (Interpunktion, tw. Wortstellung) behutsam adaptiert.

3.2 Keine optimale Einschulung (Handlungsfeld)

Für Berufseinsteiger*innen ist die Anfangszeit besonders schwierig, wenn aufgrund von **Personal- oder Zeitmangel** keine ausreichende Einschulung und Anleitung möglich ist. Es fehlt auf den Stationen teilweise auch eine gewisse **Struktur,** um neues Personal anzuleiten, anzulernen und einzuarbeiten.

> „Es war damals schon so, dass zu wenig Personal da war. Also, wenn man beispielsweise zusätzlich eingeteilt worden wäre und nicht schon ins kalte Wasser geschmissen worden wäre, das hätte sicher dazu beigetragen, dass man einen angenehmeren Einstieg in das Geschehen gehabt hätte."

Es ist wichtig, Berufseinsteiger*innen in der Anfangszeit nicht in den „Schichtdienst" mit langen Diensten einzuteilen, sondern sie Kurzdienste am Vormittag absolvieren zu lassen, damit sie den Stationsalltag kennenlernen können. Teilweise finden auch keine **Einschulungs-Nachtdienste** mehr statt, in denen Berufseinsteiger*innen zum Zweck der Einschulung als dritte Pflegeperson zusätzlich miteingeteilt werden, sondern sie absolvieren diese Nachtdienste manchmal bereits von Anfang an selbstständig und eigenverantwortlich. All das konfrontiert sie bereits in der Anfangszeit mit Stress. Eine Einschulung ist aufgrund von personellen oder zeitlichen Ressourcen oft nicht im notwendigen Ausmaß möglich.

Die Berufseinsteiger*innen erhalten teilweise auch **zu wenig Feedback** und sind sich daher unsicher, ob sie ihre Arbeit gut machen oder etwas verbessern können. Zudem wagen sie es teilweise nicht, mit den anderen Teammitgliedern auf der Station über ihre Probleme in der Anfangszeit zu sprechen, da sie sich mitunter in diesem Beruf, auf dieser Station und in diesem Team beweisen und behaupten wollen. Findet jedoch nur eine unzureichende Einschulung statt, kann eine solche erste Berufserfahrung einen Berufsausstieg zur Folge haben.

3.3 Onboarding und Mentoring

Beim **„Onboarding"** handelt es sich um einen Prozess, der meist über einen Zeitraum von mehr als einem Jahr verläuft und den **Einarbeitungs- und Integrationsprozess** von neuen Mitarbeiter*innen in einer Organisation beschreibt. Der Onboardingprozess setzt sich aus der Orientierungsphase, der Integrations- und Lernphase sowie der Stabilitäts- und Akzeptanzphase zusammen. Ziel des Onboardings ist es, die neuen Mitarbeiter*innen auf fachlicher, sozialer und wertorientierter Ebene erfolgreich einzuarbeiten und zu integrieren.

Die **fachliche Integration** beschreibt die Einarbeitung in das eigene Arbeitsgebiet und die spezifischen Aufgabenstellungen, die Aneignung von Fachwissen, das Wissen über Ansprechpersonen in den eigenen und anderen Bereichen sowie Kenntnisse über die Organisationsstruktur. Bei der **sozialen Integration** liegt der Schwerpunkt auf dem Aufbau und der Aufrechterhaltung von sozialen Beziehungen am Arbeitsplatz und in der Organisation. Hierbei geht es um die Beziehungsgestaltung zu Vorgesetzten, anderen Mitarbeiter*innen und um das Arbeiten in einem Team. Insbesondere das Erarbeiten der eigenen Position innerhalb des Teams, der Abteilung bzw. des Bereichs, aber auch das Akzeptiertwerden als Teil der Gemeinschaft stellen für die soziale Integration wesentliche Punkte dar. Bei der **wertorientierten Integration** müssen sich die neuen Mitarbeiter*innen mit den Zielen, Werten und Führungsgrundsätzen der Organisation auseinandersetzen. Die wertorientierte Integration erfolgt hierbei weniger über die Leitbilder, sondern vor allem über die gelebten Werte innerhalb der Organisation (Brenner, 2020).

Die **zunehmende Komplexität** in der Akutversorgung, die hohe Zahl an Pflegebedürftigen und die anspruchsvolle Arbeitsbelastung erfordern ein hohes Maß an Unterstützung für Berufseinsteiger*innen. Bei diesen besteht ein starkes **Bedürfnis nach** mehr klinischer, sozialer und emotionaler **Unterstützung**. Besonders wichtig ist ihnen, Orientierung zu haben und im ersten Berufsjahr ein begleitendes Unterstützungsprogramm zu erhalten. Dafür braucht es eine umfassende Unterstützung von allen Seiten – von der Führungskraft, vom eigenen und vom interdisziplinären Team. Als besonders wesentlich erachten es Berufseinsteiger*innen, von Anfang an Teil des Teams zu sein und vom gesamten Team Unterstützung zu erhalten (Hussein, Everett, Ramjan, Hu & Salamonson, 2017).

Pflegepersonen benötigen in der Anfangszeit zudem:

- Gezielte Maßnahmen für die Förderung und Stärkung der eigenen **Resilienz**
- Unterstützung beim Aufbau von **Selbstvertrauen** und **Selbstsicherheit** in die eigenen Fähigkeiten im unmittelbaren beruflichen Handeln
- Authentische und zuverlässige Führung durch die eigenen **Mentor*innen**
- Unterstützung vom gesamten **Team**
- Anleitung für berufliche **Weiterentwicklung**
- Umfassende **Gesundheitsförderung** von Beginn an
- **Wertschätzung** und Anerkennung vonseiten der Organisation und der **Führungskraft**
- Zusätzlich kommt einer regelmäßig stattfindenden, begleitenden und unterstützenden **Supervision** zentrale Bedeutung zu, um Pflegepersonen im Pflegeberuf langfristig, nachhaltig und gesund zu halten

(Collard, Scammell & Tee, 2020)

Der Übergang von der Ausbildung in die Berufswelt geht grundsätzlich mit einer Veränderung des Lebensrhythmus einher. Der berufliche Einstieg bringt auch eine gewisse **Orientierungslosigkeit** mit sich, weil die Erfahrungswerte aus der Berufswelt noch fehlen. Daher stellen folgende Maßnahmen eine wertvolle Unterstützung für Berufseinsteiger*innen dar:

- **Peergroups** für den gemeinsamen Erfahrungsaustausch
- Intensive Begleitung und Betreuung durch die **Mentor*innen**
- Engmaschiger **Austausch mit der Führungskraft** (anhand von regelmäßigen Feedbackgesprächen)
- **Networking** im Rahmen von Veranstaltungen
- **Projekt- und Teamarbeit**
- **Verhältnismäßigkeit** von **Aufgabenmenge** und **-komplexität**, damit es zu keiner Überforderung kommt

(Brenner, 2020)

Einen besonders großen Einfluss am Beginn der Berufstätigkeit haben – im Sinne eines **Identifikationsprozesses** – das Selbstverständnis und das Verständnis dafür, was es bedeutet, eine Gesundheits- und Krankenpflegeperson zu sein (Sandler, 2018). Die Entwicklung einer **professionellen Identität** nach dem Berufseinstieg wird maßgeblich beeinflusst von der Wahrnehmung einer positiven klinischen Lernumgebung und von der intensiven Unterstützung in der „Einschulungsphase", sodass eine selbstständige klinische Handlungsfähigkeit (berufliche Selbstsicherheit) aufgebaut werden kann. Um dieses Ziel zu erreichen, brauchen berufseinsteigende Pflegepersonen einen Zeitraum von mindestens acht Monaten (Wu, Palmer & Sha, 2020).

Eine positiv erlebte Lernumgebung und intensive Unterstützung beim Berufseinstieg haben einen unmittelbaren Einfluss auf die Arbeitszufriedenheit nach dem Berufseinstieg. Dieses positive Berufserleben wirkt sich direkt auf den weiteren Verbleib von berufseinsteigenden Pflegepersonen aus (Wu, Palmer & Sha, 2020).

Transitionsprozess

Das **TRANSICU-Modell** von Qiang beschreibt den Transitionsprozess, den Gesundheits- und Krankenpfleger*innen nach dem Abschluss ihrer Ausbildung beim direkten Berufseinstieg auf einer Intensivstation durchlaufen:

In der ersten Phase, der **„Identitätsfindung"**, finden sich die Berufseinsteiger*innen nicht mehr in der Rolle der studierenden Person wieder, sondern in der Rolle der Pflegeperson. In dieser Phase kommt es aufgrund der neuen Eindrücke, des neuen Umfeldes, des Eintritts in ein fremdes Team, der erforderlichen Kompetenzen und der großen Verantwortung sowie aufgrund des umfassenden Lernprozesses zu einer

Überforderung. Die prägnanteste Veränderung stellen dabei die neue Rolle als Pflegeperson und die damit verbundene Übernahme der Verantwortung für das eigene Handeln und Tun dar.

In der zweiten Phase, der **„Entwicklung eines Verantwortungsbewusstseins"**, setzen sich die Berufseinsteiger*innen intensiv mit ihrer Verantwortung den Pflegebedürftigen gegenüber auseinander und werden sich ihrer verantwortungsvollen Rolle als Pflegeperson und nicht als studierende Person immer bewusster. In dieser Phase kommt es zum Erleben von Ängsten und Selbstzweifeln, da sich die Betreffenden von der Verantwortung wie erschlagen fühlen und Angst haben, Fehler zu machen oder dieser beruflichen Rolle nicht gerecht zu werden. Es besteht die große Angst, dass die zu Pflegenden aufgrund eines eigenen Fehlers zu Schaden kommen könnten. Zusätzlich steht bei den Berufseinsteiger*innen auch Versagensangst im Vordergrund – die Angst davor, es auf der Intensivstation nicht zu schaffen.

In der dritten Phase, der **„Entwicklung der Persönlichkeitsstruktur"**, wird der Berufseinstieg unterschiedlich und individuell wahrgenommen. Aufgrund von Überforderung, Angst und Selbstzweifel kommt es zu einem inneren Konflikt. In dieser Phase geht es um Konfrontation und Adaption. Die erfolgreiche Strategie besteht darin, die Konfrontation mit der eigenen Unsicherheit zuzulassen und sich dieser Unsicherheit zu stellen. Fehlende Selbstsicherheit, das Gefühl, von der Persönlichkeit her nicht in das bestehende Team zu passen, oder das Gefühl, als Pflegeperson vom Team nicht akzeptiert zu werden, führt zu großen Verunsicherungen und letztlich zum Verlassen der Station.

In der vierten Phase, **„Gewinnen von (Selbst-)Sicherheit"**, geht es um den stetigen Zuwachs an Sicherheit, indem sich die Berufseinsteiger*innen laufend fehlendes Wissen aneignen und den eigenen Handlungsspielraum dadurch erweitern. Grundsätzlich braucht es eine gewisse Zeit, bis die Betreffenden eine ausreichende Sicherheit in der Betreuung und Versorgung von Pflegebedürftigen erlangen. Dafür braucht es Rahmenbedingungen, in denen sich die Einsteiger*innen ihren Unsicherheiten stellen können. Förderlich für die Gewinnung von (Selbst-)Sicherheit sind zudem ein verständnisvolles Team sowie die Unterstützung durch konkrete Bezugspersonen wie z. B. die Mentor*innen oder einzelne Teammitglieder, zu denen eine vertrauensvolle Beziehung besteht. Das Erleben von Unterstützung hilft den Berufseinsteiger*innen, ihre Überforderung, Ängste und Selbstzweifel zu überwinden und insgesamt mehr Sicherheit zu gewinnen.

In der fünften Phase, der **„Stärkung des Berufswunsches, auf einer Intensivstation zu arbeiten"**, wird dieser Wunsch als intrinsischer Motivator wahrgenommen, der den Transitionsprozess begünstigt und die Einsteiger*innen darin bestärkt, diesen Prozess trotz all der Herausforderungen zu durchlaufen und zu bewältigen. Zusätzlich zur Unterstützung ist auch das Erleben von Erfolgen von zentraler Bedeutung für die Stärkung des Wunsches, auf einer Intensivstation zu arbeiten.

Die sechste Phase, **„Freude und Spaß am Beruf"**, zeigt, dass das Erreichen dieser Gefühle den nachhaltigen Verbleib der Pflegepersonen auf der Intensivstation sicherstellt. Erleben sie nach all den Herausforderungen, Ängsten und Selbstzweifeln Freude und Spaß am Beruf, kommen Gefühle wie Sinnhaftigkeit, Stolz und Dankbarkeit auf. Die Betreffenden geben an, dass es nach dem Berufseinstieg bis zu eineinhalb Jahre dauern kann, bis man sich als vollwertige Pflegeperson fühlt, in diese Rolle hineingewachsen ist und auch seinen Platz als Individuum gefunden hat. Je mehr die Pflegpersonen das Gefühl haben, ins Team zu passen und ihren eigenen Platz zu finden, desto mehr gewinnen sie an Selbstbewusstsein und desto schneller können sie sich in ihrer neuen Rolle zur Gänze entfalten.

Der gesamte Transitionsprozess wird zudem von folgenden Faktoren beeinflusst:

- von den stationsinternen Rahmenbedingungen und Strukturen,
- von der Einschulungsphase,
- von der Feedbackkultur,
- von den Vorerfahrungen,
- von der Erwartungshaltung.

(Qiang & Radinger, 2022)

Berufseinsteigenden Gesundheits- und Krankenpfleger*innen, die soeben ihre Ausbildung absolviert haben, sind vor allem ein gutes Arbeitsklima, eine gute interprofessionelle Zusammenarbeit, eine wertschätzende Leitung, die Möglichkeit zur beruflichen Fort- und Weiterbildung sowie ein angemessenes Einkommen besonders wichtig (Mogg & Engel, 2022).

Mentoring

Es gilt, den Gesundheits- und Krankenpfleger*innen ein Mentoring-Programm mit speziell ausgebildeten Mentor*innen zur Seite zu stellen und damit die Möglichkeit zu schaffen, offen über stressbehaftete sowie belastende Situationen im Pflegeberuf sprechen, diese reflektieren und verarbeiten zu können (Scammel, 2016).

Mentoring bedeutet, dass eine erfahrene Person (= Mentor*in) eine wenig erfahrene Person (= Mentee) über einen längeren Zeitraum begleitet, unterstützt und berät. Mentoring beschreibt dabei einen individuellen, begleiteten Lernprozess zwischen der erfahrenen und der wenig erfahrenen Person (Schmid & Haasen, 2019).

In einem **Erstgespräch** lernen Mentor*in und Mentee einander kennen und reflektieren gemeinsam, ob die zwischenmenschliche Ebene sowie die individuellen Persönlichkeiten zueinander passen und ob eine gute Grundlage für eine erfolgreiche

Zusammenarbeit vorhanden ist. Möchten dies beide Seiten, kann der Mentoring-Prozess starten: Es werden gemeinsam Ziele, Zeitrahmen sowie weitere Rahmenbedingungen miteinander besprochen und in einer Mentoring-Vereinbarung schriftlich festgelegt (Klinikum Chemnitz, 2021).

Ziel ist es, Mentees in ihrer beruflichen Tätigkeit sowie in der persönlichen Entwicklung zu unterstützen, in ihren Vorgehensweisen, Haltungen und Werten zu bestärken sowie (unbewusste) Stärken zu entdecken, zu fördern und für das berufliche Wirken zu nutzen. Es gilt daher, zu erkennen, welche Stärken ein*e Mentee aufweist und welche **Entwicklungspotentiale** gefördert werden können (Schmid & Haasen, 2019).

Mentees sollten im Rahmen des Mentoring-Prozesses große Lernbereitschaft sowie große Bereitschaft zur Selbstreflexion mitbringen, desgleichen viel Offenheit für neue Sichtweisen sowie die Bereitschaft, sich beruflich und persönlich weiterzuentwickeln. Zudem brauchen sie die Fähigkeit, eigene Ziele und Anliegen konkret zu formulieren sowie Themen- und Lernfelder proaktiv vorzuschlagen. Durch das Mentoring erhalten Mentees mehr Selbstvertrauen, eine größere Sicherheit in der Ausübung ihrer beruflichen Rolle, bessere Einsicht in komplexe Zusammenhänge sowie mehr Verständnis für informelle Regelungen (BAB, 2009; Schmid & Haasen, 2019).

Den **Mentor*innen** sollte es große Freude bereiten, andere Menschen zu begleiten und zu unterstützen, die eigene berufliche Tätigkeit zu reflektieren und sich in dieser Beratungsrolle gezielt zu engagieren. Neben der fachlichen Kompetenz benötigen sie auch stark ausgeprägte sozialkommunikative Kompetenzen, die Fähigkeit zur kontinuierlichen Selbstreflexion sowie große Lernbereitschaft (Schmid & Haasen, 2019). Neben einem umfassenden pflegerischen Fachwissen sowie stark ausgeprägten sozialkommunikativen Kompetenzen braucht es zudem auch umfangreiches **pädagogisches Fachwissen**, um individuelle Lernbedürfnisse, -felder, -ziele und Lernprozesse erkennen, einschätzen und gestalten zu können (Abb. 2). Ziel ist die Gestaltung von klinischen Lernsituationen in physischer, sozialer und emotionaler Sicherheit der Lernumgebung mit den daraus resultierenden erfolgreichen Lernprozessen (Oikarainen et al., 2021).

Zentral für das Mentoring sind regelmäßige und von Empathie getragene Gespräche zwischen Mentor*innen und Mentees sowie Aufbauen und Aufrechterhaltung einer von Vertrauen getragenen **zwischenmenschlichen Beziehung** – es geht um aktives Zuhören, Fragenstellen und den Wunsch, Wirklichkeit und Erlebniswelt der Mentees zu verstehen. **Regelmäßige Gespräche** sollten alle vier bis sechs Wochen stattfinden. Der Mentoring-Prozess an sich ist für einen Zeitraum von insgesamt einem Jahr vorgesehen (Schmid & Haasen, 2019).

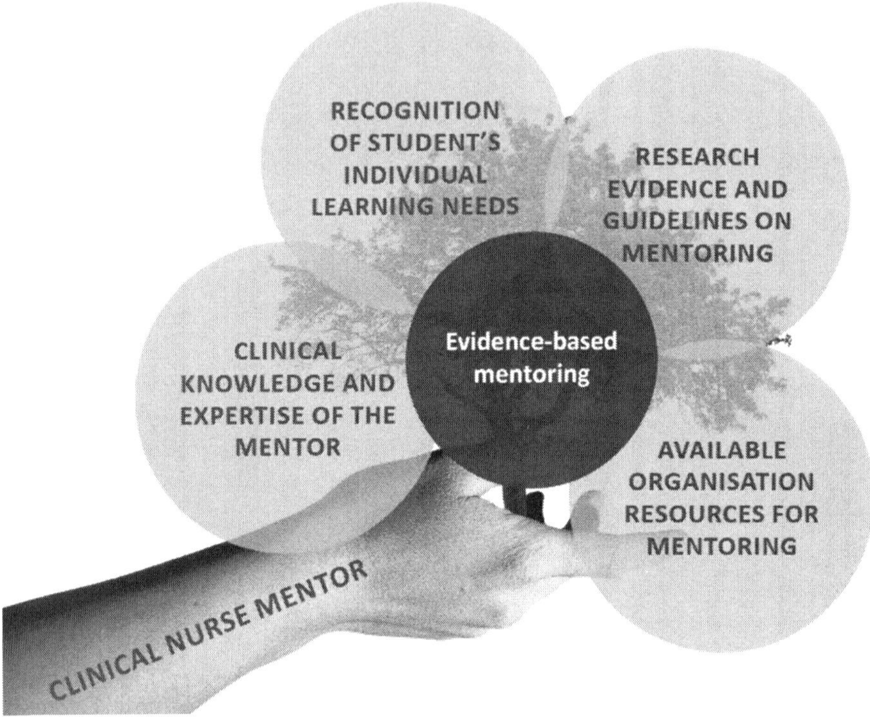

Abb. 2: **Elemente des evidenzbasierten Mentorings (Oikarainen et al., 2021)**

Die Grundlage von **Mentoring-Programmen** besteht in einem gemeinsamen Erfahrungsaustausch und der gezielten Weitergabe von Wissen, in einer individuellen Beratung hinsichtlich konkreter beruflicher Fragestellungen, der Möglichkeit zum gezielten Lernen anhand von konkreten Beispielen in der Berufspraxis, im Führen von regelmäßigen Feedbackgesprächen, in der Möglichkeit, Einblicke auch in andere Bereiche der Organisation zu erhalten, in der persönlichen Unterstützung sowie gezieltem Empowerment, in der Unterstützung beim Aufbau eines sozialen Netzes sowie in intensiver Beratung und Sinnstiftung (Schmid & Haasen, 2019).

Besonders stark profitiert man von einem Mentoring-Programm, wenn gezielt das **Wir-Gefühl** entwickelt und gestärkt wird (Broermann, Messemaker, Schnoor, Gerlach & Sennekamp, 2019). Mentoring-Programme sind zur Unterstützung des erfolgreichen Berufseinstieges essenziell. Um eine **positive Mentoring-Beziehung** zu gestalten, sind regelmäßige, vertrauensvolle und wertschätzende gemeinsame Gespräche sowie die klare Kommunikation der Ziele und Erwartungen unabdingbar. Zur Unterstützung der Fokussierung auf die festgelegten Ziele sind eine schriftliche Mentoring-Vereinbarung und schriftliche Gesprächsprotokolle gute Instrumente.

Folgende **Rahmenbedingungen** sind für ein erfolgreiches Mentoring von wesentlicher Bedeutung:

- **Offenheit**
  Wichtige Themen sollten in einer von Vertrauen geprägten Atmosphäre offen angesprochen werden können. Beide Seiten müssen die grundsätzliche Bereitschaft mitbringen, auftauchende Konflikte aktiv und konstruktiv zu lösen (= Lösungsorientiertheit).
- **Vertrauen**
  Es braucht einen verlässlich vertrauensvollen Umgang mit teilweise auch sehr persönlichen Informationen. Ein regelmäßiger Austausch von persönlichen Informationen, persönlichem Verhalten sowie informellem Wissen und Berufserfahrung ist besonders wichtig für die zwischenmenschliche Beziehungsgestaltung.
- **Gleichberechtigung**
  Es darf keine hierarchische Zuordnung, Abhängigkeit oder Weisungsbefugnis zwischen den am Mentoring-Prozess Beteiligten bestehen.
- **Freiwilligkeit**
  Persönliches Interesse, große Lernbereitschaft, Motivation und proaktives Engagement kennzeichnen die Mentoring-Beziehung.
- **Lernbereitschaft**
  Wechselseitigkeit, d. h. gegenseitiges Geben und Nehmen ermöglicht beiden Seiten neue Erkenntnisse. Es gilt der Grundsatz: „Miteinander und voneinander lernen".
- **Regelmäßigkeit und Verbindlichkeit**
  Dies sind die zentralen Grundvoraussetzungen für eine positiv gestaltete und erfolgreiche Mentoring-Beziehung.

(Klinikum Chemnitz, 2021)

Mentoring ist durch folgende **Kernelemente** geprägt:

- **Information** – zu (informellen) Regelungen und Abläufen in der Organisation, des Bereichs, der Station sowie allgemein zum Beruf
- **Zuhören und Fragen stellen** – das Anliegen oder die Situation von Mentees wirklich verstehen zu wollen sowie feste Denkmuster zu vermeiden bzw. abzulegen
- **Teilhaben lassen** – an beruflichen Erfahrungen und Handlungen sowie Einblicke in die Berufspraxis ermöglichen
- **Unterstützung** – bei der Entwicklung wichtiger Fähigkeiten und bei der Entwicklung von Strategien zur Erreichung individueller Ziele

- **Beratung** – in konkreten Situationen, bei aktuellen Fragen und Schwierigkeiten, beim Lösen von Problemen oder beim Treffen von Entscheidungen. Wichtig: Durch gezielte Fragen den*die Mentee dabei unterstützen, selbstständig eine Lösung zu finden oder gemeinsam verschiedene Lösungswege zu erarbeiten sowie bei Bedarf eigene Ansichten und Erfahrungen zur Verfügung zu stellen
- **Vorausschauen und schützen** – den*die Mentee frühzeitig auf mögliche Hindernisse und Schwierigkeiten aufmerksam machen und bei Schwierigkeiten gezielt unterstützen
- **Beistehen** – bei Fehlern und Schwierigkeiten Anteilnahme zeigen, ermutigen und gemeinsam nach Lösungen suchen
- **Feedback geben** – konstruktives Feedback geben, sich als Mentor*in aber auch selbst Feedback geben lassen und dieses reflektieren

(Klinikum Chemnitz, 2021)

Im Rahmen des Mentoring-Prozesses finden **regelmäßige (Feedback-)Gespräche** statt. Dabei wird überprüft, ob die vereinbarten Ziele erreicht worden sind und/oder es werden neue Ziele festgelegt (Klinikum Chemnitz, 2021).

Folgende Grundsätze sind beim Vergeben von **Feedback** zu berücksichtigen:

Feedback sollte immer ...

- **konstruktiv** sein – und Perspektiven für die Zukunft bieten
- **beschreibend** sein – es gilt, die eigene Wahrnehmung zu beschreiben, aber nicht, die andere Person zu bewerten oder zu interpretieren – bleiben Sie immer sachlich
- **subjektiv** formuliert werden – beschreiben Sie gezielt die eigene Beobachtung wie oben angeführt, dann fällt es dem Gegenüber leichter, das Feedback anzunehmen
- **positiv und angemessen** sein – Feedback zu geben bedeutet nicht, zu kritisieren, sondern auch die positiven Aspekte hervorzuheben und in weiterer Folge konkrete Verbesserungsvorschläge anzuführen
- **situationsbezogen, zeitnah und konkret** sein – geben Sie exakte Verhaltens- oder Situationsbeschreibungen konkret und zeitnah wieder, damit Ihr Gegenüber das Feedback auch nachvollziehen und es beim nächsten Mal besser machen kann

(BAB, 2009)

Am Ende des Mentoring-Programms findet ein **Abschlussgespräch** statt, in dem die gemeinsame Zusammenarbeit evaluiert und reflektiert wird (Klinikum Chemnitz, 2021).

Kompetenzstufen

Nachfolgend werden die fünf **Kompetenzstufen** nach Patricia Benner (Abb. 3) beschrieben, um ein tiefgehendes Verständnis für den Entwicklungsweg von Pflegepersonen zu ermöglichen:

- **Anfangende Pflegeperson**
  Berufseinsteiger*innen haben noch keine Erfahrung mit den beruflichen Situationen, in denen sie nun aktiv werden sollen. Daher ist es das oberste Ziel, die Betreffenden dabei zu unterstützen, die erforderlichen Fähigkeiten zu entwickeln. Unerfahrene Pflegepersonen handeln aufgrund der fehlenden Erfahrung regelgeleitet, d. h. sie sind besonders stark auf Regeln angewiesen, was dazu führt, dass sie in ihrem beruflichen Handeln sehr eingeschränkt und unflexibel sind.
- **Fortgeschrittene Pflegeperson**
  Fortgeschrittene Pflegepersonen haben bereits erste Erfahrungen in der Berufspraxis gesammelt, jedoch ist vieles noch neu: Sie benötigen weiterhin Regeln zur Orientierung. Insbesondere in klinischen Situationen brauchen sie noch Unterstützung beim Erkennen und Einschätzen einzelner Aspekte einer bestimmten Situation sowie bei der Beurteilung der Bedeutung dieser verschiedenen Aspekte im Verhältnis zueinander. Daher brauchen sie weiterhin Unterstützung und Überwachung von erfahrenen Pflegepersonen wie beispielsweise beim Setzen von Prioritäten.
- **Kompetente Pflegeperson**
  Eine kompetente Pflegende entwickelt sich, wenn die eigenen Handlungen auf längerfristige Ziele und Pläne ausgerichtet sind und deren Bedeutung bewusst ist. Das bedeutet, die Pflegende besitzt die Kompetenz, eine bewusste, abstrakte und analytische Betrachtung der Problemlage durchzuführen. In diesem Kontext ist nun auch die Fähigkeit, Prioritäten zu setzen, stark ausgeprägt. Kompetente Pflegende haben sich vom reinen Reagieren hin zu einem kompetenten und planvollen Vorgehen in der Pflege weiterentwickelt. Sie arbeiten noch nicht so schnell und flexibel wie erfahrene Pflegende, haben aber das Gefühl, ihren Aufgaben gewachsen zu sein und mit allen möglichen Anforderungen im Pflegeberuf umgehen zu können. Liegen Problemlagen vor, sind Entscheidungen zu treffen oder besteht ein Handlungsbedarf, so können sie diese Anforderungen selbstständig bewältigen. Das bewusste und überlegte Planen ermöglicht bereits effizientes und organisiertes Arbeiten.
- **Erfahrene Pflegeperson**
  Erfahrene Pflegende besitzen aufgrund ihrer Erfahrungen die Kompetenz, Situationen als Ganzes wahrzunehmen, können einschätzen, welche Entwicklungen in einer bestimmten Situation zu erwarten sind, und sind in der Lage, Abweichungen vom Erwarteten/Normalen unmittelbar zu erkennen. Sie sind in der Lage, Zustandsverschlechterungen oder andere Probleme bei zu Pflegenden frühzeitig zu

erkennen. Sie können sich schnell ein umfassendes Bild von einer Situation machen, problemlos Prioritäten setzen, rasch Entscheidungen treffen und den Kern eines Problems identifizieren. Ein hohes Niveau an Erfahrung entsteht in einem Zeitraum von etwa drei bis fünf Jahren im gleichen Bereich.

- **Pflegeperson mit hoher Fachexpertise**
  Mit ihrem großen Erfahrungsschatz und ihrer Fachexpertise sind Pflegende in der Lage, jede Situation intuitiv zu erfassen und den Kern des Problems unmittelbar zu erkennen. Sie zeichnen sich durch ein treffsicheres klinisches Urteilsvermögen, selbstsicheren Umgang mit vielschichtigen klinischen Problemen und eine reflektierte Entscheidungsfindung aus.

  Pflegepersonen mit hoher Expertise haben stets den Blick für das Machbare, zeigen immer das Positive auf, das sie durch ihr Vorgehen bewirken konnten, und sind aufgrund ihrer hohen Expertise besonders geeignet, anderen Pflegepersonen unterstützend und beratend zur Seite zu stehen. Erfahrung lässt sich in diesem Kontext nicht auf das Verstreichen von Zeit oder ein hohes Lebensalter reduzieren, sondern beschreibt einen Erfahrungswert mit vielen verschiedenen, realen Praxissituationen. Bereits vorhandene Fähigkeiten verändern bzw. verbessern sich mit zunehmender Erfahrung und Beherrschung unterschiedlicher Praxissituationen.

(Benner, 2017)

In den Unterstützungsprogrammen für Berufseinsteiger*innen muss der Fokus zudem auch auf dem Aufzeigen von **Bewältigungsstrategien** und der Stärkung von Resilienz liegen, um den Belastungen im Pflegeberuf besser begegnen zu können (Cao, Li & Gong, 2021).

Im Rahmen des ersten Berufsjahres gilt es, vonseiten des Pflegemanagements bestimmte **Rahmenbedingungen** sicherzustellen, um einen langfristigen Verbleib sowohl in der eigenen Organisation als auch im Pflegeberuf zu erzielen. Wesentliche Parameter dabei sind:

- Wahlmöglichkeiten bei der Entscheidung über den Arbeitsplatz
- Unterstützung bei der Entscheidungsfindung
- Eine gut geplante, unterstützende und strukturierte Einarbeitungszeit
- Rotation durch verschiedene Bereiche, um die Kompetenzentwicklung zu fördern
- Förderung der Reflexion über die Arbeitsplatzsituation
- Karriereberatung unter Berücksichtigung von Persönlichkeit, Fähigkeiten, Erfahrungen und Zielen der Pflegeperson
- Gezielte Teilnahme an Karriereentwicklungsmöglichkeiten für die konkrete berufliche Entwicklung innerhalb der Organisation

(Mills, Chamberlain-Salaun, Harrison, Yates & O'Shea, 2016)

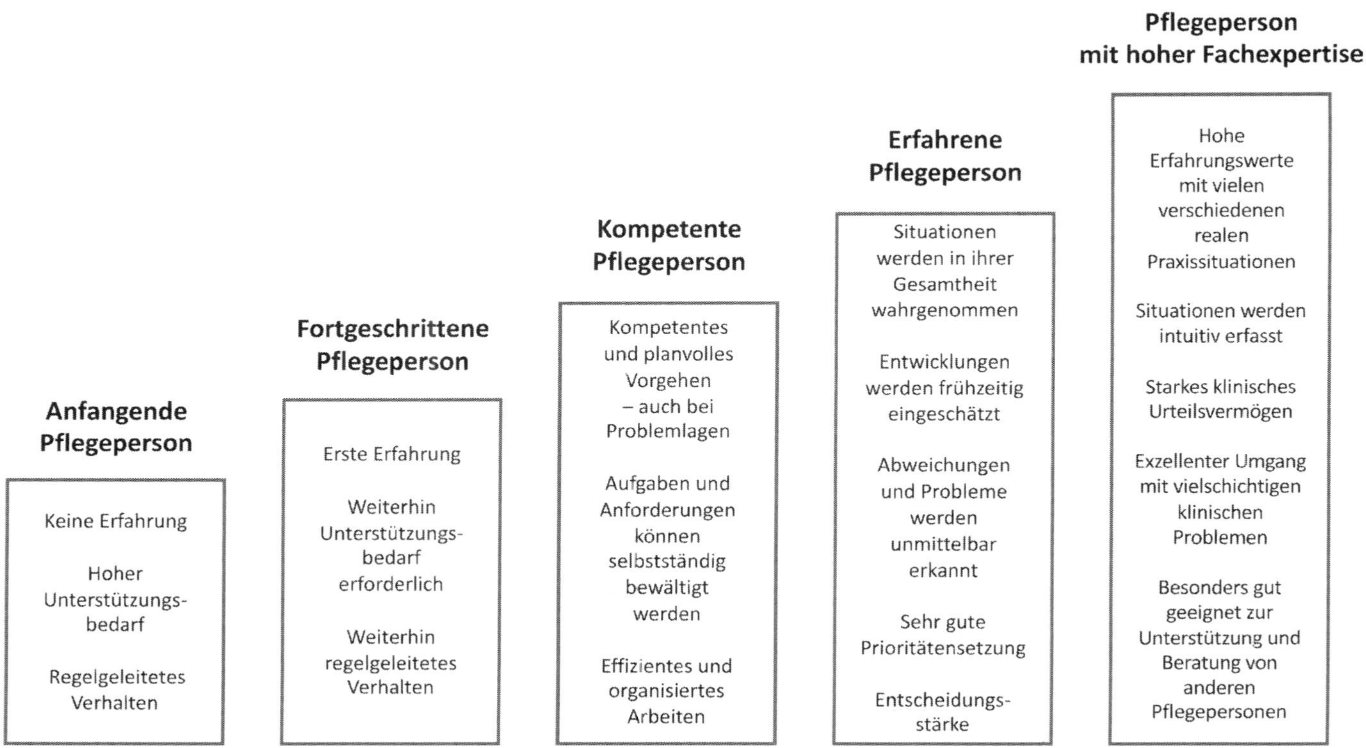

Abb. 3: Stufen zur Pflegekompetenz (adaptiert nach Benner, 2017)

Der **Führungskraft** kommt beim Einarbeitungs- und Integrationsprozess von Berufseinsteiger*innen eine wichtige Schlüsselrolle zu, denn sie

- ist sowohl disziplinarische Vorgesetzte als auch Coach
- übernimmt Verantwortung für die neuen Mitarbeiter*innen
- setzt gemeinsam Ziele fest
- vereinbart Maßnahmen im Rahmen der Einarbeitung
- gestaltet das Arbeitsumfeld
- fördert die soziale Integration ins Team
- überträgt im weiteren Verlauf mehr Aufgaben und Verantwortung an die neuen Mitarbeiter*innen
- gibt grundsätzliche Orientierung und leistet insgesamt Hilfestellung in jeder Situation
- beobachtet die einzelnen Entwicklungsschritte und
- begleitet die weitere Entwicklung sowohl während der gesamten Einarbeitungszeit als auch darüber hinaus.

(Brenner, 2020)

Schlussendlich sind es die Lehrenden in der Ausbildung, die Pflege als Berufsgruppe, das Pflegemanagement in den Organisationen, die Führungskräfte und das gesamte Team, welche die Berufseinsteiger*innen positiv beeinflussen, unterstützen und bestärken können, um den Übergang von der Ausbildung in den Pflegeberuf erfolgreich zu gestalten, ein Gefühl für die Eigenverantwortung in der Pflege zu entwickeln, eine starke berufliche Identität zu etablieren und gezielt zu Innovationen und Problemlösungen zu ermutigen (Kuokkanen, Leino-Kilpi, Numminen, Isoaho, Flinkman & Meretoja, 2016).

3.4 Checkliste (Lösungsansätze)

In jeder Organisation gibt es unterschiedliche Handlungsfelder: In der einen Organisation sind bestimmte Maßnahmen bereits etabliert und haben sich gut bewährt, in der anderen Organisation besteht noch konkreter Handlungsbedarf. Reflektieren Sie als Stations-, Bereichs- oder Pflegedienstleitung die Rahmenbedingungen und Gegebenheiten auf Ihrer Station, in Ihrem Bereich oder Ihrer Organisation kritisch. Wo besteht noch Handlungsbedarf? Wo lässt sich eine Maßnahme noch optimieren?

Tab. 1: **Erste Berufserfahrung – Lösungsansätze**

Lösungsansätze	↑↑	↑	✓
Sicherstellung eines erfolgreichen **Onboardings** von neuen Mitarbeiter*innen:			
► Fachliches Onboarding			
► Soziales Onboarding			
► Werteorientiertes Onboarding			
Implementierung eines einjährigen **Mentoring-Programms** zur intensiven Unterstützung von neuen Mitarbeiter*innen, **insbesondere beim Berufseinstieg**:			
► Erstgespräch (schriftliche Vereinbarung zu Rahmenbedingungen)			
► Regelmäßige Gespräche (alle 4–6 Wochen)			
► Regelmäßige Feedbackgespräche (alle 4–6 Wochen)			
► Abschlussgespräch (Evaluation)			
Es werden ausschließlich **Mentor*innen** mit speziellem Kompetenzprofil ausgewählt:			
► Fachliche Kompetenz (Kompetenzstufen)			
► Pädagogische Kompetenz			
► Sozialkommunikative Kompetenz			
► Kontinuierliche Selbstreflexion			
► Lernbereitschaft			
► Beratungskompetenz			
► Motivation (Identifizierung mit Rolle und Aufgabenfeld)			
Im **Mentoring-Prozess** werden folgende zentrale Aspekte beachtet:			
► Fachliche, soziale, wertorientierte Unterstützung durch Mentor*in			
► Positive, wertschätzende und vertrauensvolle Mentoring-Beziehung			
► Gezielte Unterstützung durch Führungskraft			
► Unterstützung durch Team			
► Offene Gesprächskultur bzgl. Schwierigkeiten der Anfangszeit			
► Positive Fehlerkultur			
► Positive Einstellung zu Akademisierung und Professionalisierung			
Im **Mentoring-Prozess** werden in den ersten drei Monaten folgende Unterstützungsmaßnahmen sichergestellt:			
► **Keine Dienste mit alleiniger Verantwortung – auch bei Personalausfällen!**			
► Dienste nur mit Berufserfahrenen			
► Gruppen Pflegebedürftiger nicht allein übernehmen			
► Keine Schichtdienste			
► Nur Kurzdienste			
► Mehrere Einschulungsnachtdienste			
► Notfallkompetenz stärken (Einschulung, Fortbildung)			

↑↑ Nicht etabliert, es besteht Handlungsbedarf
↑ Etabliert, aber es besteht Optimierungsbedarf
✓ Etabliert und hat sich bereits gut bewährt

(Eigene Darstellung)

4 Strukturelle Rahmenbedingungen (Faktor für einen potentiellen Berufsausstieg)

4.1 Aufgabenverteilung (Handlungsfeld)

In der täglichen Berufsausübung zeigt sich, dass die Aufgabenverteilung schwierig ist und die Aufgaben den verschiedenen Berufsgruppen mittels struktureller Rahmenbedingungen nicht immer klar zugeteilt sind. So kommt es, dass bestimmte Tätigkeiten und Aufgaben, die auf andere Berufsgruppen übertragen werden könnten, von Gesundheits- und Krankenpflegepersonen durchgeführt werden.

„Da muss die diplomierte Krankenschwester auch alle Hilfstätigkeiten durchführen. Ich bin mir nicht zu schade dafür, das zu tun, aber es ist halt keine Hauptaufgabe der Diplomierten und das sind verschwendete Ressourcen."

Es handelt sich hierbei um Tätigkeiten wie mehrmals täglich Essen austeilen oder Betten reinigen. Diese Aufgaben sind zeitintensiv und führen dazu, dass den Gesundheits- und Krankenpfleger*innen diese Zeit für die Teilnahme an der Visite oder in der direkten Versorgung und Betreuung der Pflegebedürftigen fehlt. Es würde für sie eine Erleichterung darstellen und zusätzliche Zeitressourcen ermöglichen, wenn bestimmte Tätigkeiten auf andere Berufsgruppen übertragen würden. Es gilt, strukturelle Rahmenbedingungen zu schaffen, die durch die klare Aufgabenverteilung unter den verschiedenen Berufsgruppen einen effizienten, ressourcen- und kompetenzorientierten Personaleinsatz fördern.

4.2 Zeitmangel (Handlungsfeld)

In der Pflegepraxis fehlt es aus Sicht der Pflegenden an ausreichend Zeitressourcen, um sich den zu Pflegenden und deren Betreuung ganzheitlich widmen zu können. Dieser Zeitmangel führt dazu, dass pflegerische Tätigkeiten wie die Durchführung eines Verbandwechsels oder Körperpflege unter großem Zeitdruck rasch zu erledigen sind. Das bewirkt auch, dass Gesundheits- und Krankenpfleger*innen zu wenig Zeit für Gespräche und Beratungen mit den zu Pflegenden und deren Angehörigen haben.

„... mehr Zeitressourcen, um ihnen die Zeit zu gewähren, die sie brauchen, und dass man ihnen nicht das Gefühl geben muss, dass man sie abfertigt, sondern dass man ihnen das Gefühl gibt, man hat keinen Zeitdruck – was man zwar eine Zeitlang versucht oder gut überspielen kann. Aber sie merken dann trotzdem oft, dass man ein-

> fach keine Zeit hat, um jetzt Gespräche zu führen, weil schon gewisse andere Tätigkeiten hinten nachhängen."

Gesundheits- und Krankenpfleger*innen ist es wichtig, ausreichend Zeit für die Pflegebedürftigen zu haben, vor allem für jene, die aufgrund ihrer schweren Erkrankung intensivere Betreuung brauchen. Fehlende Zeitressourcen führen in der Pflegepraxis dazu, dass bestimmte pflegerische Tätigkeiten nicht mehr im eigenen Dienst bewältigt werden können und deshalb vom nachfolgenden Dienst – als zusätzliche Aufgabe – übernommen werden müssen. Darüber hinaus fehlt es an Zeitressourcen für die ausreichende Einschulung neuer Teammitglieder auf den Stationen. Nicht ausreichend Zeit für die vielfältigen pflegerischen Tätigkeiten – insbesondere für die ganzheitliche und umfassende Betreuung von zu Pflegenden und deren Angehörigen – zur Verfügung zu haben, wird von den Pflegenden als belastend erlebt.

4.3 Personalmangel (Handlungsfeld)

Das derzeit „dringendste" Problem innerhalb der Gesundheits- und Krankenpflege ist die Personalsituation, da es erforderlich ist, die Personalbesetzung an die heutigen Gegebenheiten und auch an die künftigen Herausforderungen im Gesundheitsbereich anzupassen. Die unzureichende Besetzung der Stationen mit Gesundheits- und Krankenpfleger*innen führt dazu, dass das bestehende Personal mit einem hohen Arbeitsaufwand konfrontiert ist. Die Pflegenden haben das Gefühl, „mehr leisten zu müssen, als man eigentlich kann".

> „All jene, die geblieben sind, werden eigentlich dazu genötigt, mehr zu arbeiten, weil man einfach das Defizit nicht ausgleichen kann. Dementsprechend entstehen mehr Stunden, die in der Freizeit dann halt einfach fehlen. Es ist einfach ein gewisser Unmut auf der ganzen Station vorhanden, weil man das Gefühl hat, nur weil man geblieben ist, jetzt mehr leisten zu müssen. Und dementsprechend kommt es auch zu vermehrten Krankenständen – unter anderem, weil die Leute sich einfach ausgebrannt fühlen und halt das Gefühl haben, nicht mehr das leisten zu können, was sie eigentlich sollten."

Der Personalmangel führt zu einem Mehraufwand für das bestehende Gesundheits- und Krankenpflegepersonal und bewirkt, dass die Dienste in reduzierter Personalbesetzung geleistet werden müssen. Zudem helfen die Gesundheits- und Krankenpfleger*innen auf anderen Stationen aus, wenn dort zu wenig Personal vorhanden ist. Dies führt wiederum dazu, dass auch Dienste auf der eigenen Station mit reduzierter Personalbesetzung zu absolvieren sind. Insbesondere wenn Tag- oder Nachtdienste von den Pflegenden alleine bewältigt werden müssen, wird dies als „grenzwertig" und „schwierig" erlebt; die alleinige Übernahme der Verantwortung für die gesamte Station und alle Pflegebedürftigen erzeugt Unsicherheit. So erhöhen die unzureichenden personellen Ressourcen in der Pflegepraxis das Stresslevel und fördern Überlegungen, die Station zu verlassen. Die Pflegenden machen auf den Stationen teilweise auch die Erfahrung, dass Berufseinsteiger*innen nachkommen und sich bereits in der Anfangszeit entscheiden, wieder aus dem Pflegeberuf auszusteigen.

Der vorherrschende Personalmangel stellt für die Berufsausübung in der Pflegepraxis daher ein schwerwiegendes Problem dar und kann dazu führen, dass sich Gesundheits- und Krankenpfleger*innen für einen Berufsausstieg entscheiden.

4.4 Dokumentationsaufwand (Handlungsfeld)

Zu den Aufgaben von Gesundheits- und Krankenpfleger*innen gehören auch die Pflegedokumentation, die Pflegeplanung sowie die pflegerischen Entlassungsbriefe. Diese administrativen Tätigkeiten nehmen in der Pflegepraxis wertvolle Zeitressourcen in Anspruch, die für die direkte Betreuung von zu Pflegenden fehlen.

> „Wir haben mittlerweile unglaublich viel administrative Tätigkeiten, wo wir viel am Computer herumschreiben müssen, planen, dokumentieren, evaluieren – Thema Entlassungsbriefe, Kurzbriefe. Solche Sachen, die halt im Hintergrund laufen sollen, aber die auch sehr, sehr viel Zeit in Anspruch nehmen. Ich hoffe, dass man das komprimieren kann und dass wir da einfach wieder Zeitressourcen für den Patienten erübrigen können."

Es gilt, den Dokumentationsaufwand in der Pflegepraxis zu reduzieren, um mehr Zeitressourcen für die direkte Betreuung von Pflegebedürftigen zu gewinnen.

4.5 Überbelegung von Betten (Handlungsfeld)

In der Pflegepraxis kommt es dazu, dass Betten überbelegt werden und mehr Pflegebedürftige zu betreuen sind, als die Bettenanzahl eigentlich vorgibt. Diese zusätzliche Arbeitsleistung erfolgt bei gleichbleibendem Personalstand.

> „… weil wir permanent überbelegt sind. Also, von zweiunddreißig Betten haben wir meistens dreiunddreißig, mitunter vierunddreißig, vor Kurzem hatten wir fünfunddreißig … also, obwohl das nicht möglich sein sollte! Somit sind wir permanent überbelegt. Und wir versuchen das zu kompensieren, was aber natürlich auf kurz oder lang nicht mehr möglich sein wird."

Es gilt, die Überbelegung von Betten zu vermeiden und auf Organisationsebene strukturelle Rahmenbedingungen zu schaffen, welche die Durchsetzung der festgelegten Bettenanzahl pro Station gewährleistet.

4.6 Personalgewinnung und Ausfallmanagement

Der Herausforderung des Personalmangels in der Pflege kann nur mithilfe einer Kombination von Maßnahmen der Personalgewinnung und – vor allem – der **Personalbindung** begegnet werden. Es gilt, sowohl die **Attraktivität des Pflegeberufes** als auch die bestehenden **Arbeitsbedingungen** nachhaltig zu verbessern (Zsifkovits, Rappold, Schuchter & Rottenhofer, 2013).

Diese Problematik zeigt, dass Organisationen im Gesundheitswesen vor der besonderen Herausforderung stehen, in Zeiten eines vorherrschenden Personalmangels freie Dienstposten ausreichend zu besetzen. Diese Herausforderung bringt es mit sich, dass aktives Bemühen vonseiten der Organisationen für eine erfolgreiche Personalgewinnung immer relevanter wird (Schafmeister, 2019).

Aktive Personalgewinnung bedeutet, dass Organisationen frühzeitig beginnen, **soziale Interaktionen** mit potentiellen Mitarbeiter*innen aufzunehmen und durch regelmäßige Kontaktimpulse sowie kontinuierliche Kontaktpflege den Aufbau einer langfristigen Bindung gestalten. Ziel ist es, durch diese soziale Interaktion potentielle Mitarbeiter*innen entweder unmittelbar oder zu einem späteren Zeitpunkt für die Organisation zu gewinnen.

Erfolgreiche Personalgewinnung hängt zudem von der **Attraktivität** der arbeitgebenden Organisation ab. Das sogenannte Employer Branding von Organisationen verfolgt das Ziel, die Attraktivität als arbeitgebende Organisation zu steigern und potentiellen Mitarbeiter*innen die Attraktivitäts- und Alleinstellungsmerkmale sowie die vielfältigen Leistungsangebote im Vergleich zu anderen Organisationen glaubwürdig und authentisch zu kommunizieren.

Folgende **Attraktivitätsmerkmale** lassen sich identifizieren:

- **Basis-Attraktivitätsmerkmale**
  Sie beschreiben grundlegende Merkmale, die sich Mitarbeiter*innen selbstverständlich erwarten, z.B. gutes Arbeitsklima, angemessenes Gehalt, interessantes Aufgaben- und Tätigkeitsfeld. Bei Nichterfüllung dieser Merkmale kommt es unmittelbar zur Entstehung von Unzufriedenheit.
- **Leistungs-Attraktivitätsmerkmale**
  Sie beschreiben erwartete Merkmale, die von Mitarbeiter*innen als besonders attraktiv wahrgenommen werden, z.B. Arbeitsplatzsicherheit, flexible Arbeitszeitmodelle, Work-Life-Balance, Karrieremöglichkeiten. Bei Nichterfüllung dieser Merkmale nimmt die Attraktivität der Organisation aus Sicht der Mitarbeiter*innen ab.
- **Begeisterungs-Attraktivitätsmerkmale**
  Sie beschreiben unerwartete Merkmale, die die Mitarbeiter*innen begeistern, z.B. Home-Office, flache Hierarchien, mehr Selbstverantwortung. Diese Merkmale

bewirken die Wahrnehmung einer Differenz im Vergleich zu anderen Organisationen und erhöhen die Attraktivität der eigenen Organisation.

(Schafmeister, 2019)

Erfolgreiche **Personalgewinnung** schließt die Übernahme von Auszubildenden, die gezielte Kontaktaufnahme mit ehemaligen Auszubildenden sowie konkrete Empfehlungen von bestehenden Mitarbeiter*innen mit ein.

Hat es die Organisation geschafft, neues Personal zu gewinnen, ist es in weiterer Folge von entscheidender Bedeutung, dass die neuen Mitarbeiter*innen eine gute Einarbeitung erhalten, ins Team rasch sozial integriert werden und sich mit den Organisationszielen identifizieren können. Das übergeordnete Ziel, das es zu verfolgen gilt, besteht nicht nur darin, ausreichend Personal zu gewinnen, sondern das Personal auch nachhaltig an die Organisation zu binden.

Grundlage für erfolgreiche Personalbindung bildet ein hohes Maß an **Zufriedenheit** der Mitarbeiter*innen. Je zufriedener diese mit den Leistungsangeboten und den eingehaltenen Versprechen sind und je mehr sie sich der Organisation verbunden fühlen, desto eher wird eine erfolgreiche Bindung erzielt.

Zufriedene Mitarbeiter*innen sind in weiterer Folge auch **„Botschafter*innen"**: Sie kommunizieren die Attraktivitätsmerkmale der eigenen Organisation aktiv nach außen, empfehlen den Arbeitsplatz weiter und werden von potentiellen Bewerber*innen als authentisch und glaubwürdig wahrgenommen. Mitarbeiter*innen, die außerhalb aktiv als „Botschafter*innen" auftreten, spielen eine wichtige Rolle für die erfolgreiche Personalgewinnung (Schafmeister, 2019).

Führungskräfte berichten davon, dass es immer schwieriger wird, freie Dienstposten mit Pflegepersonen zu besetzen, dass der bestehende **Personalmangel** insgesamt die größte Herausforderung im Pflegebereich darstellt und dadurch wiederum die Arbeitsbelastung des bestehenden Pflegepersonals erhöht wird. Als besonders herausfordernd erleben Führungskräfte den Umgang mit einer inadäquaten Personalbesetzung, der Ansammlung von Überstunden und der hohen Arbeitsbelastung bei den Mitarbeiter*innen sowie die Suche nach qualifiziertem Pflegepersonal in ausreichender Anzahl (Staflinger, 2019).

Personalmangel und die damit verbundenen **Folgen** wie größere Verantwortung, höherer Zeitdruck, eine höhere Anzahl der zu betreuenden Pflegebedürftigen sowie die Übernahme von Zusatzdiensten wirken sich negativ auf die physische und psychische Gesundheit von Pflegepersonen aus (Kraft & Drossel, 2019).

Das Phänomen **Missed Nursing Care** bezeichnet das Weglassen notwendiger pflegerischer Maßnahmen aufgrund knapper Ressourcen wie z.B. Personal- oder Zeitmangel. Bei diesen Maßnahmen handelt es sich um emotionale Unterstützung,

Gesprächsführung mit zu Pflegenden und deren Angehörigen, Überwachung von kognitiv beeinträchtigten Pflegebedürftigen, Beratung und Schulung sowie Mobilisierung. In diesem Kontext konnte ein hochsignifikanter Zusammenhang zwischen dem Phänomen „Missed Nursing Care" und den Aspekten „Arbeitszufriedenheit" und „Absicht, den Pflegeberuf zu verlassen" festgestellt werden (Cartaxo, Eberl & Mayer, 2022).

Kommt es in der Pflegepraxis zu **Personalausfällen,** sind die Führungskräfte und die Mitarbeiter*innen mit folgenden Herausforderungen konfrontiert:

- Es besteht das Risiko eines reduzierten Leistungs- und Qualitätsniveaus
- Keine nachhaltige Verlässlichkeit des Dienstplans für die Mitarbeiter*innen
- Die Übernahme von Zusatzdiensten wird notwendig, was einen unattraktiven Faktor im Beruf darstellt und die Unzufriedenheit der Mitarbeiter*innen erhöht
- Das teilweise Fehlen von verlässlichen, objektiven und transparenten Kriterien für die Übernahme von Zusatzdiensten – die Heranziehung für einen Zusatzdienst wird von den Mitarbeiter*innen subjektiv als ungerecht empfunden
- Verschlechterung des Arbeitsklimas
- Bloße Umverteilung von Personal, was keine Personallücke schließt, sondern nur wiederum an anderer Stelle zu einer solchen führt
- Ansammlung von Überstunden, die bei bestehendem Personalmangel kaum abgebaut werden können
- Nachbesetzung und Kompensation von Personalausfällen als zeitintensive und herausfordernde Aufgabe für Führungskräfte

(Dahlgaard & Kleipoedszus, 2014)

In der Pflegepraxis versucht man immer wieder, einen akuten Personalausfall oder einen chronischen Personalmangel mit **Auszubildenden** zu kompensieren sowie die **Einarbeitungszeit** neuer Mitarbeiter*innen aufgrund der fehlenden Personalressourcen zu verkürzen oder frühzeitig zu beenden. Insbesondere wenn auf Organisationsebene das Ausfallmanagement fehlt, greift man in der Pflegepraxis auf diese Vorgehensweisen zurück (Dolezalek-Frese et al., 2014).

Das **Ausfallmanagement** beschreibt den strategischen und taktischen Umgang mit zu erwartenden Personalausfällen und dem daraus resultierenden zusätzlichen Personalbedarf. Ein systemisches Ausfallmanagement plant personelle „Reserven" für Dienstbesetzungen bei Personalausfällen vorrausschauend ein, um dadurch eine fallweise Unterbesetzung zu verhindern und die Überlastung der Mitarbeiter*innen aufgrund von Zusatzdiensten und Überstunden zu vermeiden. Die personelle Mindestbesetzung darf dabei nicht als Orientierungsgrundlage dienen (Montag, 2021). Es gilt daher, zur **Kompensation von Personalausfällen** auf Organisationsebene ein zentrales und übergeordnetes Ausfallmanagement (Abb. 4, S. 41) zu etablieren:

- **Umsetzungsmodell**
  Die Personalüberdeckung (= eine planmäßige Besetzung, die über der Durchschnittsbesetzung liegt) auf Station C ermöglicht es einer Pflegeperson, von Station C auf Station A zu gehen, wenn Station A aufgrund eines Personalausfalls eine Pflegeperson benötigt.
- **Rufbereitschaftsmodell**
  Die Pflegeperson ist nicht am Arbeitsplatz anwesend, muss aber telefonisch erreichbar sein. Für die Rufbereitschaft wird genau festgelegt, zu welchen konkreten Zeiten die telefonische Erreichbarkeit der Pflegeperson gegeben sein muss. Rufbereitschaftsdienste werden auf alle Pflegepersonen im Team verteilt und entweder als Früh-, Spät-, Tag- oder Nachtdienst unter Einbindung der Mitarbeiter*innen an bestimmten Tagen im Dienstplan eingetragen und gekennzeichnet. Kommt es zu einem Personalausfall, wird jene Pflegeperson zur Nachbesetzung herangezogen, die für den Rufbereitschaftsdienst jeweils eingetragen ist. Für die Rufbereitschaftszeit (= telefonische Erreichbarkeit) erhalten die Pflegepersonen eine zusätzliche finanzielle Vergütung.
- **Pool-Modell**
  Auf Organisationsebene wird innerhalb der Organisation eine zentrale Personal-Pool-Stelle implementiert. Für diesen separaten Personal-Pool wird ein eigener Dienstplan erstellt und es wird sichergestellt, dass die individuellen Wünsche der Mitarbeiter*innen bei der Dienstplangestaltung Priorität haben, sodass eine verlässliche Dienstplansicherheit gewährleistet ist. Die Dienstplanerstellung erfolgt durch die Pflegedienstleitung, und der Pool-Dienstplan steht allen Organisationseinheiten als Informationsgrundlage bei Personalausfällen jederzeit zur Verfügung (Dahlgaard & Kleipoedszus, 2014). Für das Ausfallmanagement aufgrund von urlaubs- oder krankheitsbedingten Personalausfällen können Mitarbeiter*innen zudem auch aus einem einrichtungsübergreifenden Personal-Pool herangezogen werden. Sie können ortsungebunden in allen Einrichtungen flexibel eingesetzt werden. Diese Mitarbeiter*innen erhalten einerseits eine langfristige Dienstplanung für den geplanten Einsatz bei urlaubsbedingten Ausfällen und andererseits eine kurzfristige Dienstplanung für den flexiblen Einsatz bei krankheitsbedingten Ausfällen. Sie erhalten für ihre örtliche und zeitliche Flexibilität außerdem eine höhere finanzielle Entlohnung und können sieben verlässlich dienstfreie Tage pro Monat wählen. Durch die Etablierung dieses Ausfallmanagements kann die Reduktion von Zusatzdiensten und eine höhere Dienstplansicherheit bei den Kernteams erzielt werden (Sczesny, Samstag & Mertinat, 2021b).

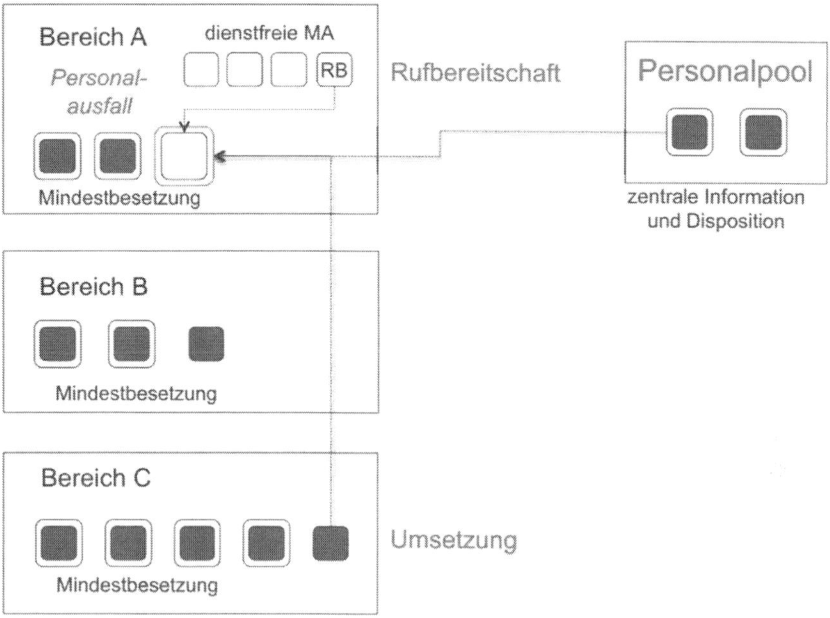

Abb. 4: **Kernelemente des Kompensationskonzepts (Dahlgaard & Kleipoedszus, 2014)**

Weitere Instrumente für das Ausfallmanagement stellen ein Flex-Team und E-Dienste dar. Beim **Flex-Team** handelt es sich um ein einrichtungsübergreifendes Personalteam, welches ausschließlich für die Absolvierung kurzfristiger Dienste bei Personalausfällen herangezogen wird. Dies erfordert von den Mitarbeiter*innen eine große zeitliche und örtliche Flexibilität, im Gegenzug können sie verlässlich ausschließlich Wunscharbeitszeiten absolvieren. Für die Übernahme kurzfristiger Dienste steht dem Flex-Team eine Dienstplan-App zur Verfügung, über die freiwerdende und zu besetzende Dienste rasch und niederschwellig übernommen werden können. Die langfristige Dienstplanung sieht einen zeitlichen Rahmen von vier bis sechs Wochen vor. Damit diese hohe Flexibilität bei den Mitarbeiter*innen nicht zu Belastung führt, hat es sich bewährt, für ein Flex-Team ausschließlich Teilzeitkräfte heranzuziehen (Sczesny, Samstag & Mertinat, 2021c).

Die **E-Dienste** bezeichnen Einspringdienste, bei denen sich die Mitarbeiter*innen der Kernteams freiwillig dazu bereiterklären, im Bedarfsfall Zusatzdienste zu übernehmen. Die E-Dienste werden ebenfalls über eine App koordiniert. In dieser App können die Mitarbeiter*innen gezielt auswählen, in welchen Fachbereichen und auf welchen Stationen sie bereit sind, Zusatzdienste zu übernehmen. Sie erhalten eine finanzielle Vergütung für die Bereitschaft und Flexibilität zur Übernahme von Zusatzdiensten (Sczesny, Samstag & Mertinat, 2021c).

Kann keine personelle Kompensation in Form einer Nachbesetzung stattfinden, sind grundsätzlich belegbare Betten analog zur jeweils aktuell bestehenden Personalsituation zu sperren und **pflegerische Leistungen zu priorisieren** oder, falls erforderlich, für den jetzigen Dienst einzuschränken (Dolezalek-Frese et al., 2014).

Im Gesundheits- und Pflegebereich ist es unabdingbar, Arbeitsprozesse wiederkehrend auf ihre **Effizienz und Effektivität** zu überprüfen, gezielte Schnittstellen- und Aufgabenanalysen durchzuführen sowie einen vielfältigen Qualifikationsmix der verschiedenen Berufsgruppen mit einer klaren Aufgabenverteilung und entsprechenden Delegationsmöglichkeiten zu gewährleisten (Rappold & Juraszovich, 2019).

Der **Skill-&-Grade-Mix** muss sich immer am Pflege-, Versorgungs- und Behandlungsbedarf der Pflegebedürftigen orientieren. Professionelle Pflegepersonen nehmen bei der Steuerung und Gestaltung von interprofessionellen und interdisziplinären Versorgungsprozessen eine zentrale Rolle ein. Pflegende mit unterschiedlichen Qualifikationsniveaus sind unverzichtbar, um eine gute Versorgungsqualität sicherzustellen. Dafür braucht es in den einzelnen Organisationseinheiten klare Aufgabenprofile mit jeweils konkreten Tätigkeitsbeschreibungen für die unterschiedlich qualifizierten Pflegepersonen (DBfK, 2021).

Die nachfolgende Tabelle (Tab. 2) gibt Führungskräften die Möglichkeit, die Personalsituation anhand verschiedener Kriterien zu reflektieren, zu bewerten und daraus Verbesserungsmaßnahmen abzuleiten.

Tab. 2: Reflexion zur Personalsituation

Reflexion zur Personalsituation					
Kriterium			**Bewertung**		
Etabliert in der Organisation/ Organisationseinheit	ja	nein	Gründe	Faktoren	Maßnahmen zur Verbesserung
Besteht **Personalmangel** oder eine stabile Personalsituation?					
Besteht eine hohe oder eine geringe **Personalfluktuation**?					
Wenn hoch, welche **Gründe** lassen sich dafür identifizieren?					
Welche konkreten **Faktoren** beeinflussen die Entscheidung von Mitarbeiter*innen, die Organisation zu verlassen?					
Werden zur Ursachenerhebung mit den Mitarbeiter*innen **Austrittsgespräche** geführt?					
Werden unter den Mitarbeiter*innen **anonyme Befragungen** zu Austrittsgründen durchgeführt?					
Wenn niedrig, welche **Gründe** lassen sich für diese stabile Personalsituation erkennen?					
Welche konkreten **Faktoren und Anreize** beeinflussen die Entscheidung von Mitarbeiter*innen, zu bleiben?					
Werden regelmäßige Befragungen und Gespräche mit den Mitarbeiter*innen geführt, um eine stetige **Verbesserung ihrer Arbeitszufriedenheit** voranzutreiben?					
Welche konkreten Maßnahmen werden gesetzt, um eine **stabile Personalsituation** herbeizuführen bzw. aufrechtzuerhalten?					
Welche konkreten Maßnahmen werden gesetzt, um eine stetige **Verbesserung der Arbeitszufriedenheit** sicherzustellen?					

(Eigene Darstellung)

4.7 Checkliste (Lösungsansätze)

In jeder Organisation gibt es unterschiedliche Handlungsfelder: In der einen Organisation sind bestimmte Maßnahmen bereits etabliert und haben sich gut bewährt, in der anderen Organisation besteht noch konkreter Handlungsbedarf. Reflektieren Sie als Stations-, Bereichs- oder Pflegedienstleitung die Rahmenbedingungen und Gegebenheiten auf Ihrer Station, in Ihrem Bereich oder Ihrer Organisation kritisch. Wo besteht noch Handlungsbedarf? Wo lässt sich eine Maßnahme noch optimieren?

Tab. 3: **Strukturelle Rahmenbedingungen – Lösungsansätze**

Lösungsansätze	↑↑	↑	✓
Aktive **Personalgewinnung**:			
▸ Employer Branding			
▸ Attraktivitäts- und Alleinstellungsmerkmale			
▸ Kontaktpflege mit potentiellen Mitarbeiter*innen			
▸ Schnelle Recruiting-Prozesse			
▸ Kontaktpflege während des Bewerbungsverfahrens			
▸ **Gewinnung von Auszubildenden**			
Nachhaltige **Personalbindung**:			
▸ Auszubildende an Organisation/Bereich/Station binden			
▸ Onboarding			
▸ Mentoring-Programme			
▸ Führung orientiert sich an Mitarbeiter*innen			
▸ Kontinuierliche Gespräche			
▸ Befragungen zur Arbeitszufriedenheit			
▸ Verbesserung der Arbeitsbedingungen			
▸ Zufriedenheit der Mitarbeiter*innen steigern			
▸ Förderung der Mitarbeiter*innen			
▸ Resilienz- und Gesundheitsförderung			
Implementierung eines zentralen **Ausfallmanagements** zur Gewährleistung einer stabilen Personalsituation bei **Personalausfällen:**			
▸ Ausfallmanagement auf Organisationsebene			
▸ Umsetzungsmodell			
▸ Rufbereitschaftsmodell			
▸ Personal-Pool-Modell			
▸ Flex-Team auf Organisationebene			
▸ E-Dienste auf Organisationebene			
Sicherstellung von weiteren **strukturellen Rahmenbedingungen:**			
▸ Analyse von Abläufen und Prozessen			
▸ Kompetenz- und qualifikationsbezogener Personaleinsatz (Skill-&-Grade-Mix)			
▸ Informationstechnologische Lösungen für Dokumentation			

Lösungsansätze	↑↑	↑	✔
Gewinnung von Auszubildenden im Rahmen der praktischen Ausbildung:			
➨ **Personalbindung beginnt bereits in der Ausbildungszeit**			
➨ Unterstützung der Auszubildenden durch Praxisanleitung, Führungskraft und Team			
➨ Gesprächstermine mit zentraler, übergeordneter Ansprechperson auf Organisationsebene zu Beginn, im Verlauf und am Ende des Praktikums			
➨ Ansprechperson hält weiterhin Kontakt auch nach dem Praktikum			
➨ Während des Praktikums Schnuppertage in unterschiedlichen Bereichen			

↑↑ Nicht etabliert, es besteht Handlungsbedarf

↑ Etabliert, aber es besteht Optimierungsbedarf

✔ Etabliert und hat sich bereits gut bewährt

(Eigene Darstellung)

5 Dienst- und Freizeitgestaltung (Faktor für einen potentiellen Berufsausstieg)

5.1 Schichtdienst (Handlungsfeld)

Die Arbeitszeiten stellen für Gesundheits- und Krankenpfleger*innen einen negativen Aspekt dar. Der Schichtdienst generell und die Nachtdienste im Besonderen werden von ihnen als belastend erlebt.

> „... dann gibt es Tage, wo ich mir denke: oh Gott, jetzt habe ich den dritten Tagdienst und es kommen noch zwei Nächte auf mich zu ... das sind dann anstrengende Situationen. Und teilweise ist es wirklich, wirklich anstrengend dann, wenn ich so viele Schichtdienste hab."

Eine Belastung stellt vor allem der Umstieg vom Nacht- auf den Tagdienst dar. Nach einem Nachtdienst nur einen Schlaftag zu haben, bevor der nächste Tagdienst beginnt, wird als besonders belastend wahrgenommen und bietet zu wenig Zeit für ausreichend Erholung. Nach den Schichtdiensten sind ein paar Tage erforderlich, um sich ausreichend erholen zu können. Die Pflegepersonen geben an, mindestens zwei Tage zur Erholung zu benötigen und in diesen Tagen viel Ruhe zu brauchen.

Es besteht auch die Befürchtung, dass die Schichtdienste insgesamt zu viel werden – mitunter auch, weil die Pflegepersonen kaum Freizeit haben und sich der Schichtdienst auf das Privatleben auswirkt. Bei einer Vollzeitanstellung werden die Schichtdienste als besonders belastend erlebt: einerseits durch den Schichtdienst und den damit verbundenen Wechsel zwischen Tag- und Nachtdiensten an sich und andererseits wegen hinzukommender Zusatzdienste und Überstunden sowie wegen dem Stresslevel, dem man ausgesetzt ist. Es besteht teilweise der Wunsch, die Wochenarbeitszeit im Schichtdienst zu reduzieren, eine Teilzeitbeschäftigung – wenn sie bereits besteht – auch weiterhin aufrechtzuerhalten sowie nur wenige bis keine Nachtdienste absolvieren zu müssen. Die Arbeitssituation wird von Pflegepersonen mit einer Teilzeitbeschäftigung im Vergleich zu einer Vollzeitbeschäftigung als spürbare Entlastung wahrgenommen, weil dadurch insgesamt der Stresslevel gesenkt wird. Zudem wünschen sich die Pflegenden flexiblere Arbeitszeiten im Stationsbereich.

5.2 Zusatzdienste (Handlungsfeld)

Gesundheits- und Krankenpfleger*innen leisten zusätzlich zur bestehenden Dienstplanung regelmäßig Zusatzdienste. Diese Zusatzdienste werden sowohl auf der eigenen Station als auch auf anderen Stationen mit unterschiedlichen Fachgebieten absolviert. Zu den routinemäßig absolvierten Diensten kommen ein bis drei Zusatzdienste im Monat.

> „Man ist schon sehr am Limit, also man muss schon wirklich meistens ein, zwei Dienste und Überstunden auch machen. Mit vierzig Stunden sind ein, zwei Dienste schon sehr viel, was da dazukommt, weil man relativ viel Zeit in der Arbeit verbringt."

Das Ableisten von drei Zusatzdiensten im Monat wird von den Pflegepersonen als oberste Belastungsgrenze deklariert. Die Leistung zusätzlicher Dienste stellt aufgrund der Mehrarbeit und des Fehlens ausreichender Erholungsphasen zwischen den Diensten ein konflikthaftes Thema dar.

5.3 Ständige Bereitschaft (Handlungsfeld)

Gesundheits- und Krankenpfleger*innen werden auch außerhalb ihres Dienstes in der Frei- und Privatzeit angerufen und darum gebeten, entweder noch am selben Tag oder in den nächsten Tagen einen Zusatzdienst zu übernehmen. Die andauernde telefonische Erreichbarkeit sowie die ständige Bereitschaft zum sofortigen Dienstantritt wird von ihnen als negativer Aspekt des Pflegeberufes angesehen.

> „... dann wird angerufen: Wir brauchen sofort jemanden, der in den Dienst kommt, weil wir sind zu wenige! Diese ständige Bereitschaft, obwohl es keinen Bereitschaftsdienst gibt, ist das, was es eigentlich wirklich anstrengend macht."

Es besteht der Wunsch, dass die dienstfreie Zeit respektiert wird und die Pflegepersonen nicht jederzeit telefonisch erreichbar sein und für Zusatzdienste zur Verfügung stehen müssen.

5.4 Work-Life-Balance (Handlungsfeld)

Die Aufrechterhaltung einer Work-Life-Balance ist für Gesundheits- und Krankenpfleger*innen von besonderer Bedeutung. Das ermöglicht es ihnen, einen Ausgleich zum Pflegeberuf und den belastenden Situationen zu schaffen. Der Dienst in der gehobenen Gesundheits- und Krankenpflege mit Schichtdienst, Leistung von Zusatzdiensten und ständiger Bereitschaft erschwert diese Aufrechterhaltung der Work-Life-Balance, da es teilweise schwierig ist, an gesellschaftlichen und regelmäßig stattfindenden Aktivitäten teilzunehmen.

> „... wenn man jetzt sagt, man ist Teil in einem Musikverein oder in einem Sportverein – das kannst du knicken, das Jeden-Donnerstagnachmittag-frei-Haben. Sowas gibt es nicht."

Die Aufrechterhaltung einer Work-Life-Balance gestaltet sich aufgrund des Pflegeberufes und der damit verbundenen Arbeitszeiten schwierig, sodass bestimmte Hobbys, die mit einer gewissen Regelmäßigkeit einhergehen, nicht mit den Arbeitszeiten vereinbar sind und deshalb nicht ausgeübt werden können. Dies stellt für die Pflegenden eine belastende Situation dar, weil sie aufgrund ihrer Berufstätigkeit von bestimmten gesellschaftlichen Aktivitäten ausgeschlossen sind. Daher besteht der Wunsch nach einer gewissen Regelmäßigkeit und dadurch Planbarkeit der Dienste, um an bestimmten gesellschaftlichen Aktivitäten, Hobbys und Vereinsaktivitäten teilnehmen zu können und dadurch eine bessere Work-Life-Balance zu erzielen. Eine Reduktion der Wochenarbeitszeit im Schichtdienst, z.B. von Voll- auf Teilzeitbeschäftigung, führt zu einer spürbaren Verbesserung der Work-Life-Balance. Deren Aufrechterhaltung ist für die Pflegepersonen besonders wichtig und wird als ausschlaggebend für einen langfristigen Berufsverbleib angegeben.

5.5 Auswirkungen auf das Privatleben (Handlungsfeld)

Die Ausübung des Pflegeberufes im Schichtdienst hat auch Auswirkungen auf das Privatleben der Pflegenden. Sie haben wenig Zeit für die Familie, die Partnerschaft und den Freundeskreis, da auch an Wochenenden und Feiertagen, wo die anderen frei haben, Dienst verrichtet wird. Die Pflegepersonen geben an, sich in der Ausbildungszeit am Wochenende regelmäßig mit dem Freundeskreis getroffen zu haben, was mittlerweile aufgrund des Schichtdienstes schwierig geworden sei. Durch die Berufstätigkeit und die damit verbundenen Arbeitszeiten sei es zu einer spürbaren Veränderung der sozialen Interaktionen sowohl im Freundes- als auch im Verwandtenkreis gekommen. Die Dienstzeiten, der Schichtdienst, die Leistung von Zusatzdiensten und die ständige Bereitschaft stellen mitunter eine „Katastrophe" für das Privatleben dar. Als belastend wird es empfunden, wenn sich der Freundeskreis trifft und die Pflegenden selbst nicht dabei sein können, wenn sie Familienfeiern verpassen oder Wochenende und Feiertage nicht gemeinsam mit Familie oder Partner*innen verbringen können.

> „Wenn es eine große Familienfeier ist, wo ich gerne hingehen würde, bin ich sehr traurig darüber, dass ich nicht dabei sein kann."

Pflegepersonen brauchen eine lange „Vorlaufzeit", um an Familienfeiern oder Treffen im Freundeskreis teilnehmen zu können, sich an diesen Terminen freie Tage einzuteilen und zu hoffen, dann keine Zusatzdienste übernehmen zu müssen. Die Notwendigkeit dieser Vorlaufzeit erschwert die Vereinbarkeit des Pflegeberufes mit dem Privatleben und den eigenen sozialen Kontakten. Die Auswirkungen auf Privatleben, Partnerschaft, Familie und Freundeskreis sowie auf die Work-Life-Balance können zum Berufsausstieg führen.

5.6 Dienstplangestaltung und Work-Life-Balance

Die ständige telefonische Erreichbarkeit und die regelmäßige Übernahme von **Zusatzdiensten** stellt eine Belastung dar, erschwert die Vereinbarkeit von Familie bzw. Privatleben und Beruf, hat negative Auswirkungen auf die sozialen Kontakte, geht mit einem Verzicht auf Freizeit und Freizeitereignisse einher und führt zu fehlenden oder nicht ausreichenden Erholungsphasen zwischen den Diensten (MacKusick & Minick, 2010; Kraft & Drossel, 2019; DBfK, 2019).

Es zeigt sich, dass die **Teilzeitbeschäftigung** im Pflegebereich zunimmt. Als Hauptgrund wird angegeben, dass eine zu hohe Belastung vorliegt, die mit einer Vollzeitbeschäftigung scheinbar nicht bewältigt werden kann. Zudem besteht ein starkes Bedürfnis nach mehr Freizeit für persönliche Interessen und Hobbys. Weitere Gründe sind die Kinderbetreuung, eine berufsbegleitende Fort- oder Weiterbildung bzw. ein Studium sowie gesundheitliche Gründe. Mehr als zwei Drittel der Pflegepersonen in Teilzeit können sich nicht vorstellen, in der Pflege wieder einer Vollzeitbeschäftigung nachzugehen (DBfK, 2019).

Der **Dienstplan** regelt die Personalbesetzung, die Mindestbesetzung an bestimmten Tagen wie z.B. Feiertagen, die Wochenenden, die geplanten Urlaubszeiten, die Termine für die Teambesprechungen, die geplanten Fort- und Weiterbildungen sowie die Zusammensetzung der Mitarbeiter*innen hinsichtlich ihrer Qualifikation und stellt insgesamt ein Planungs- und Nachweisinstrument (Soll- und Ist-Stunden) dar (König & Raiß, 2020). Im Rahmen der Dienstplanung erwarten sich Pflegepersonen Verbindlichkeit, Verlässlichkeit sowie ausreichende Personalbesetzung, um das Arbeitsaufkommen angemessen bewältigen zu können und auch die Möglichkeit zu haben, kurzfristige Personalausfälle abzudecken (DBfK, 2019). **Dienstplansicherheit** stellt im Hinblick auf die Arbeitsplatzattraktivität einen entscheidenden Faktor dar, denn Planbarkeit und Verlässlichkeit von Diensten bilden für Pflegepersonen eine Grundvoraussetzung, um trotz Schichtdienst und Nachtarbeit eine Work-Life-Balance aufrechterhalten zu können (Dolezalek-Frese et al., 2014).

Das Konzept der **Work-Life-Balance** beschreibt die Qualität und das Verhältnis der verschiedenen Arbeits- und Lebensbereiche zueinander und stellt das Gleichgewicht zwischen Arbeit und Privatleben in den Mittelpunkt. Ziel des Work-Life-Balance-Konzeptes ist es, dass sich die Betreffenden in einem Zustand der Ausgewogenheit zwischen Arbeit und Privatleben befinden, dass sie mit der Erfüllung ihrer Rollen in den unterschiedlichsten Arbeits- und Lebensbereichen zufrieden sind und dass einer dauerhaften Überforderung vorgebeugt wird. Der Wunsch nach mehr Work-Life-Balance gewinnt aufgrund der hohen Arbeitsverdichtung und des hohen Arbeitsdrucks immer stärker an Bedeutung (DGFP, 2014).

Bei Angehörigen von Gesundheitsberufen besteht im Vergleich zu anderen Berufsgruppen ein besonders ausgeprägtes **Ungleichgewicht** hinsichtlich der Work-Life-Balance und der Vereinbarkeit von Familie bzw. Privatleben und Beruf. Ein solches Ungleichgewicht fördert letztlich das Auftreten eines Burn-out (Hämmig, 2018).

Etablierung und Aufrechterhaltung von Maßnahmen zur Förderung der Work-Life-Balance wirken sich sowohl auf die Mitarbeiter*innen als auch auf die Organisation positiv aus. Aufseiten der Organisation führen sie zu

- geringerer Personalfluktuation,
- gesteigerter Attraktivität als arbeitgebende Organisation sowie
- besserer Bewerbungslage,

aufseiten der Mitarbeiter*innen zu

- höherer Leistungsfähigkeit,
- größerer Widerstandsfähigkeit und Resilienz,
- einem besseren Gesundheitszustand,
- mehr Wohlbefinden,
- einer besseren Vereinbarkeit von Familie und Beruf sowie zu
- höherer Zufriedenheit und stärkerer Bindung an die Organisation.

(DGFP, 2014)

Grundsätzlich gilt es, die Maßnahmen zur Förderung der Work-Life-Balance immer an den individuellen Bedürfnissen und Lebenssituationen der einzelnen Mitarbeiter*innen, die jeweils unterschiedlich sind, auszurichten und zu adaptieren. Folgende Maßnahmen unterstützen die **Förderung der Work-Life-Balance**:

- **Flexible Regeln schaffen**
  - Flexibilisierung von Vollzeit- und Teilzeitarbeitsmodellen, Job-Sharing sowie gemeinsame (befristete) individuelle Vereinbarungen
- **Unterstützungsangebote etablieren**
  - Unterstützung bei ehrenamtlichem, sportlichem oder politischem Engagement
  - Unterstützung beim „Sesshaftwerden" – finanzielle Unterstützung, Umzugshilfen, Wohnungsvermittlung, Dienstwohnung
  - Unterstützung in der Elternphase – Kinderbetreuungseinrichtungen, Kontakthalte- und Wiedereinstiegsprogramme für Eltern, Arbeitszeitflexibilisierung, Teilzeitstellen, Papamonat, Väterkarenz
  - Unterstützung bei der Pflege von Angehörigen – Betriebsvereinbarungen zu Pflegeurlaub, Pflegeplatz-/Pflegekraftvermittlung
  - Unterstützung bei der Beendigung einer Partnerschaft – Sozialberatung, psychologische Beratungsangebote, Auszeit, Mitarbeitergespräche, Arbeits-

  zeitflexibilisierung, Coaching, monetäre Unterstützung in Härtefällen
  - Unterstützung bei der Gesundheitsprävention – Fitnessangebote, Ernährungs- und Gesundheitsberatung, Stressbewältigungsseminare
  - Unterstützung im Krankheitsfall – Kontaktpflege während der Krankheit, finanzielle Unterstützung, betriebliches Wiedereingliederungsmanagement
  - Unterstützung bei privater Verschuldung – Unternehmensdarlehen, Auszahlung von Mehrarbeit, Sozial- und Schuldenberatung, Abwicklung von Entgeltpfändungen
  - Unterstützung in Krisensituationen – psychologische Beratungsangebote
- **Führungssysteme entwickeln**
  - Leitbilder sowie Führungsgrundsätze entwickeln und Führungskräfte für die Thematik sensibilisieren – Führungsgespräche, Informationsveranstaltungen, Coaching und Workshops
  - Führungskräfte setzen aktiv Maßnahmen zur Förderung der Work-Life-Balance von Mitarbeiter*innen
  - Führungskräfte leben beispielhaft die neue Kultur vor – erscheinen nicht krank zur Arbeit, arbeiten nicht rund um die Uhr
  - Regelmäßige Mitarbeitergespräche und die verpflichtende Integration von verbindlichen Work-Life-Balance-Zielen in gemeinsamen Zielvereinbarungsgesprächen zwischen der Führungskraft und den einzelnen Mitarbeiter*innen
- **Prozesse prüfen und anpassen**
  - Insbesondere Prozesse in der Gesamtorganisation, im Personalmanagement und in der direkten Arbeitsorganisation der einzelnen Organisationseinheiten prüfen und anpassen sowie Maßnahmen zur Förderung der Work-Life-Balance in diese Prozesse integrieren

(DGFP, 2014)

Mögliche **Kennzahlen,** die auf eine fehlende oder unzureichende Förderung der Work-Life-Balance in einer Organisation schließen lassen, sind

- die Fluktuationsrate,
- die Krankenstandsrate,
- die Anzahl an Bewerbungen,
- die Anzahl der Arbeitsunfälle,
- der Grad der Identifizierung der Mitarbeiter*innen mit der Organisation (Mitarbeiterbefragungen) sowie
- die Zielvereinbarungsquote – in welchem Umfang die vereinbarten Work-Life-Balance-Ziele erreicht wurden.

(DGFP, 2014)

Einen besonderen Stellenwert nimmt für Pflegepersonen die Möglichkeit der Inanspruchnahme von „wunschfreien Tagen" ein. Diese „wunschfreien Tage" ermöglichen es ihnen, an individuell wichtigen privaten Terminen und Ereignissen teilzunehmen. Wie viele **„Wunschtage"** von Pflegepersonen im Dienstplan eingetragen und in weiterer Folge in Anspruch genommen werden können, wird von der jeweiligen Organisation festgelegt. In der Regel werden den Mitarbeiter*innen monatlich drei wunschfreie Tage ermöglicht. Zudem ist es Pflegepersonen wichtig, dass die Organisation individuelle und langfristige Lösungen anstrebt, um die Vereinbarkeit von Familie bzw. Privatleben und Beruf weiter zu verbessern (Staflinger, 2019).

Als Zeichen der Wertschätzung und Anerkennung hat die Organisation die Möglichkeit, einen fix geregelten **„verlängerten Urlaub"** im Dienstplan vorzusehen. Das bedeutet, die Mitarbeiter*innen erhalten vor und nach dem Urlaub jeweils die Wochenenden als dienstfreie Tage dazu. Auch an den **Geburtstagen** der Mitarbeiter*innen kann als fixe Regelung immer ein dienstfreier Tag eingeteilt werden. Eine weitere Maßnahme als Ausdruck von Dankbarkeit und Wertschätzung besteht darin, den Mitarbeiter*innen der Kernteams, die drei Zusatzdienste absolviert haben, einen **Gutschein** zukommen zu lassen (Sczesny, Samstag & Mertinat, 2021a).

Generell ist es den Pflegepersonen bei der Dienstplanung ein zentrales Anliegen, dass die eigenen **Bedürfnisse und Wünsche** wie z.B. ärztliche Termine, regelmäßige Freizeitaktivitäten oder Familienfeiern berücksichtigt werden (DBfK, 2019).

Hinsichtlich der **Flexibilisierung von Arbeitszeit** wünschen sich (neue) Mitarbeiter*innen im Gesundheitsbereich mittlerweile am häufigsten eine Teilzeitanstellung, kürzere Schichten oder weniger Arbeitstage, feste Arbeitstage sowie einen stabilen Dienstplan (Dahlgaard, 2017).

Die nachfolgende Tabelle (Tab. 4) gibt Führungskräften die Möglichkeit, die Dienstplangestaltung anhand verschiedener Kriterien zu reflektieren, zu bewerten und daraus Verbesserungsmaßnahmen abzuleiten.

Tab. 4: Reflexion zur Dienstplangestaltung

Reflexion zur Dienstplangestaltung					
Kriterium	Bewertung				
Etabliert in der Organisation/Organisationseinheit	1	2	3	4	5
Der Personaleinsatz findet stets im Kontext der aktuellen **Arbeitsanforderungen** statt (hohe Arbeitsanforderungen – mehr Personaleinsatz, geringere Arbeitsanforderungen – weniger Personaleinsatz)					
Dienstplanung und Personalbesetzung gewährleisten die Umsetzung von Pflegekonzepten und **Qualitätsanforderungen**					
Die Dienstzeiten werden in Abhängigkeit von Arbeitsanforderungen und **Arbeitsschwere** geplant und personell besetzt					
Die Anzahl der aufeinanderfolgenden **Nachtdienste** wird für die Mitarbeiter*innen gering gehalten					
Längere **Ruhephasen** zwischen den Diensten werden kurzen arbeitsfreien Zeiten vorgezogen					
Regelmäßige und geblockte freie **Wochenenden** werden gegenüber einzelnen freien Tagen am Wochenende bevorzugt geplant					
Die **Dienstfolge** rotiert stets vorwärts, sodass Schaukeldienste vermieden werden					
Die vorausschauende **Planung** der Dienste wird gewährleistet					
Die Verlässlichkeit der **dienstfreien Tage** wird sichergestellt					
Die Berücksichtigung von individuellen sowie auch kurzfristigen **Arbeitszeitwünschen** ist gegeben					
Dienstplanung und Personalbesetzung werden **belastungsgerecht** erstellt					

Bewertung: 1 = sehr gut, 2 = gut, 3= befriedigend, 4= genügend, 5 = nicht genügend
Adaptiert nach Sczesny, Samstag & Mertinat, 2021a

5.7 Checkliste (Lösungsansätze)

In jeder Organisation gibt es unterschiedliche Handlungsfelder: In der einen Organisation sind bestimmte Maßnahmen bereits etabliert und haben sich gut bewährt, in der anderen Organisation besteht noch konkreter Handlungsbedarf. Reflektieren Sie als Stations-, Bereichs- oder Pflegedienstleitung die Rahmenbedingungen und Gegebenheiten auf Ihrer Station, in Ihrem Bereich oder Ihrer Organisation kritisch. Wo besteht noch Handlungsbedarf? Wo lässt sich eine Maßnahme noch optimieren?

Tab. 5: **Dienst- und Freizeitgestaltung – Lösungsansätze**

Lösungsansätze	↑↑	↑	✓
Das **Konzept** der **Work-Life-Balance:**			
• Verankerung in den Organisationszielen			
• Ist Teil der Organisationskultur			
• Verankerung in Führungsgrundsätzen und Leitbildern			
• Festgelegte Work-Life-Balance-Ziele in Zielvereinbarungsgesprächen			
• Berücksichtigung individueller Bedürfnisse und Lebenssituationen			
• Vereinbarkeit von Familie bzw. Privatleben und Beruf als Wert			
Förderung der **Work-Life-Balance** in allen **Lebensphasen:**			
• Beim „Sesshaftwerden"			
• In der Elternphase			
• Bei der Pflege von Angehörigen			
• Bei der Beendigung einer Partnerschaft			
• Im Krankheitsfall			
• Bei privater Verschuldung			
• In Krisensituationen			
Förderung der **Work-Life-Balance** durch vielfältige **Unterstützungsangebote:**			
• Dienstwohnung			
• Kinderbetreuungseinrichtung			
• „Papamonat"			
• Väterkarenz			
• Pflegeurlaub			
• Pflegeplatz-/Pflegekraftvermittlung			
• Psychologische Beratungsangebote			
• Sozial- und Schuldenberatung			
• Betriebliches Wiedereingliederungsmanagement			
Maßnahmen zur Förderung der **Work-Life-Balance:**			
• Gesundheitsförderung: – Fitnessangebote – Ernährungsberatung – Gesundheitsberatung – Programme zur Stressbewältigung – Programme zur Gesundheits- und Resilienzförderung			
• Flexible Arbeitszeitmodelle, Job-Sharing, individuelle Vereinbarungen			
• Erholungsphasen zwischen den „Dienstblöcken"			
• Pausenzeiten innerhalb der Dienstzeit			
• Befragungen zur Work-Life-Balance			
• Einzelgespräche zur Work-Life-Balance			
• Zielvereinbarungsgespräche mit verbindlichen Work-Life-Balance-Zielen			
• Berücksichtigung individueller Bedürfnisse und Lebenssituationen			

Lösungsansätze	↑↑	↑	✔
➨ Aktives Umsetzen von Work-Life-Balance-Maßnahmen			
➨ Evaluierung der Zielerreichung der Work-Life-Balance-Ziele			
➨ Vorbildwirkung der Führungskräfte bezüglich Work-Life-Balance			
Sicherstellung einer gesundheitsfördernden **Dienstplangestaltung:**			
➨ Dienstplansicherheit			
➨ Zwei dienstfreie Tage nach „Dienstblock"			
➨ „Wunschfreie Tage"			
➨ Dienstfreier Geburtstag			
➨ „Family Day"			
➨ „Verlängerter Urlaub"			
➨ Max. 1–2 Zusatzdienste monatlich			
➨ Gutscheine für Übernahme von Zusatzdiensten			
➨ „Rufbereitschaftsmodell" auf Organisationsebene			
➨ Zentrales Ausfallmanagement („Pflegepersonal-Pools")			
➨ Zentrale Flex-Teams oder E-Dienste			
Sicherstellung eines gesundheitsfördernden **Personaleinsatzes:**			
➨ Übergang von Vollzeit in Teilzeit ermöglichen			
➨ Flexibilisierung der Arbeitszeiten			
➨ Flexibilität der Rollen- und Aufgabenverteilung			

↑↑ Nicht etabliert, es besteht Handlungsbedarf
↑ Etabliert, aber es besteht Optimierungsbedarf
✔ Etabliert und hat sich bereits gut bewährt

(Eigene Darstellung)

6 Belastungen (Faktor für einen potentiellen Berufsausstieg)

6.1 Stress (Handlungsfeld)

Der Stresslevel, der im Pflegeberuf mittlerweile vorherrscht, stellt für das Pflegepersonal eine starke Belastung dar. Innerhalb der letzten Jahre sind der Leistungsdruck, die Anforderungen und der Arbeitsaufwand auf den Stationen deutlich gestiegen; insbesondere letzterer hat in den vergangenen Jahren massiv zugenommen. Dies führt dazu, dass die Pflegenden ihre Aufgaben innerhalb der Dienstzeit teilweise nicht mehr bewältigen können, sodass immer mehr Gesundheits- und Krankenpfleger*innen „wegbrechen". Aus Sicht des Pflegepersonals ist dies auch dafür verantwortlich, dass Berufseinsteiger*innen den Pflegeberuf teilweise bereits nach wenigen Monaten wieder verlassen. Doch auch langjährige, berufserfahrene Pflegepersonen überlegen immer wieder ernsthaft, aus dem Pflegeberuf auszusteigen:

> „Aufgrund des enormen Stresspegels ist immer wieder mal die Überlegung da, zu sagen: Warum tust du dir das an? Im Endeffekt hab ich manchmal das Gefühl, ich arbeite mich eigentlich selber zum Pflegefall hin."

Der bestehende Stresslevel im Pflegebereich erhöht das Risiko für einen Berufsausstieg.

6.2 Psychische Belastungen (Handlungsfeld)

Gesundheits- und Krankenpfleger*innen sind in der Pflegepraxis mit herausfordernden, psychisch belastenden Situationen konfrontiert und benötigen deshalb eine „große psychische Belastungsfähigkeit", um den Pflegeberuf ausüben zu können.

Ein Faktor für psychische Belastung besteht in dem Mangel an Zeit und die daraus resultierende unzureichende Betreuung der Pflegebedürftigen:

> „Oft muss man dann Abstriche machen in der Versorgung der Patienten, was ich psychisch für mich persönlich oft als belastend empfinde, weil ich gelernt habe, den Patienten anders zu versorgen, was aber aus zeitlichen Gründen, organisatorischen Gründen oft nicht so möglich wäre. Wo man sich dann auch selber am Ende des Tages fragt: War das jetzt wirklich gut, was ich gemacht habe, war das ausreichend?"

> „Psychisch belastend ist die Situation, selbst eben nicht das leisten zu können, was man eigentlich will ... dass man dann oft nach Hause geht und noch so viele Gedanken oder so viele Tätigkeiten im Kopf hat, die man nicht fertigstellen konnte, weil es sich zeitlich einfach nicht ausgegangen ist. Da fällt's einem dann einfach schwer, ab-

> zuschalten, einfach zu sagen, man lässt die Arbeit Arbeit sein. Man nimmt halt einfach das Ganze auch ins Privatleben mit – das ist schon eine psychische Belastung."

In der Pflegepraxis werden die Pflegebedürftigen häufig in einer „Extremsituation" angetroffen, was auch bei den Pflegenden zu einer Belastungssituation führen kann. Die Durchführung großer und lebensverändernder Operationen bei den Pflegebedürftigen ist auch für das Pflegepersonal psychisch belastend:

> „... dass viele Patienten im Vorhinein nicht wissen, auf was sie sich einlassen, speziell bei größeren Operationen, die sie vielleicht gar nicht machen würden, wenn sie wirklich wüssten, wie sie dann im Endeffekt leben oder was sie nachher für eine Lebensqualität hätten oder wie sie ausschauen oder wie sich ihr Leben dann verändert ..."

Die Betreuung von Pflegebedürftigen mit Substanzmittelmissbrauch oder psychiatrischen Erkrankungen ist für Pflegepersonen ebenfalls herausfordernd und psychisch belastend:

> „Bei Patienten oder Patientinnen, die im Leben ... ob das jetzt irgendein Substanzmissbrauch ist oder irgendeine psychiatrische Erkrankung oder so – da wird es dann schnell einmal sehr intensiv und sehr herausfordernd. Das sind dann halt oft Situationen, die man nicht immer in der Arbeit lassen kann."

Das Thema Sterben, Tod und Trauer im Zusammenhang mit dem Versterben von Pflegebedürftigen ist für Pflegepersonen psychisch belastend; der Tod stellt für sie immer eine „Ausnahmesituation" dar:

> „Ich war auf einer Station, wo wir Tumorpatienten hatten, wo ich die jahrelang betreut hab. Es war schon sehr emotional teilweise, wenn ich die Patienten immer wieder gesehen hab und immer wieder welche gestorben sind. Das kann einen schon sehr belasten."

Die Betreuung und Begleitung von Pflegebedürftigen, die sich in einem palliativen Setting befinden, wird von den Pflegepersonen als psychisch belastend empfunden:

> „Schirch ausgedrückt: Das Dahinsiechen von Menschen, die in einem palliativen Setting sind, wo es nicht mehr besser wird, die einfach nur mehr warten, dass die Sanduhr runterläuft – also das ist auch schirch, das muss man sich auch einmal ... das muss man aushalten ... das ist ... das ist arg."

Das Versterben von Pflegebedürftigen, die Betreuung von Schwerkranken und die Begleitung jener, die sich in einem palliativen Setting befinden, stellen insgesamt die größten psychischen Belastungen im Pflegeberuf dar.

Wenn psychische Belastungen zu groß werden, ist das für Gesundheits- und Krankenpfleger*innen definitiv ein Grund, den Pflegeberuf zu verlassen.

6.3 Schuldgefühle (Handlungsfeld)

Es gibt im Pflegeberuf Situationen, in denen sich Gesundheits- und Krankenpflegepersonen schuldig fühlen. Schuldgefühle empfinden sie insbesondere dann, wenn für die Betreuung der Pflegebedürftigen aufgrund von zeitlichen oder personellen Ressourcen bzw. strukturellen Rahmenbedingungen nicht ausreichend Zeit zur Verfügung steht. Sie verspüren auch dann Schuldgefühle, wenn Pflegebedürftige, die im eigenen Dienst betreut wurden, plötzlich versterben, da sie dann sich selbst sowie die Umstände (was wie und warum passiert ist) hinterfragen. Dies wird als psychisch belastend empfunden:

> „Manchmal ist nicht genug Zeit dafür, dass man sich wem jetzt intensiver widmet, wo man das Gefühl hat, der bräuchte jetzt eine intensivere Betreuung. Das geht sich oft einfach nicht aus. Für den Menschen ist es natürlich ganz schlimm, wenn man ihn damit alleine lässt, aber ... das ist jetzt nicht eine persönliche Entscheidung, sondern das ist einfach dem systemischen Zwang geschuldet."

> „Es ist halt für mich traurig. Also, die Patienten tun mir dann insofern leid, weil sie es eigentlich nicht verdienen, sondern weil man eigentlich für sie da sein sollte. Ich versuch mich aber dann für mich persönlich so zu rechtfertigen, dass ich halt einfach ein gewisses Pensum leisten und das in meinen zwölf Stunden unterbringen muss und rechtfertige mich eigentlich dann dadurch, dass ich einfach noch andere Tätigkeiten leisten muss, auch wenn ich vielleicht mehr Zeit mit dem Patienten selbst hätte verbringen wollen."

Die Gesundheits- und Krankenpfleger*innen arbeiten unter einem „systemischen Zwang", der von strukturellen Rahmenbedingungen vorgegeben wird und von einem Mangel an zeitlichen und personellen Ressourcen geprägt ist. Dieser „systemische Zwang" schafft ein Betreuungsumfeld, in dem die Pflegepersonen zu wenig Zeit für die Pflegebedürftigen zur Verfügung haben, daher Schuldgefühle entwickeln und dies als psychisch belastend empfinden.

6.4 Machtlosigkeit (Handlungsfeld)

Pflegepersonen fühlen sich in Situationen, in denen sich der Zustand von Pflegebedürftigen verschlechtert oder diese sich in einem palliativen Setting befinden, machtlos, weil sie hier an die Grenzen ihrer eigenen Handlungsmöglichkeiten gelangen. Dies wird als belastend empfunden.

> „... kann ich nur hoffen, dass ich dem Patienten noch das Beste geben kann, was ich ihm bieten kann, aber mehr geht dann halt nicht."

6.5 Unzufriedenheit und Aggression von Pflegebedürftigen oder Angehörigen (Handlungsfeld)

Die Erfahrungen zeigen, dass die Ansprüche der Pflegebedürftigen und ihrer Angehörigen in den letzten Jahren gestiegen sind und die Zufriedenstellung der Bedürfnisse immer schwieriger wird.

> „In den letzten Jahren sind die Ansprüche der Patienten und der Angehörigen einfach gestiegen. Die Angehörigen meinen, dass sie das besser können oder dass wir das falsch machen oder nicht so machen, wie sich das gehört."

Die Pflegenden verbringen viel Zeit damit, sich vor den Pflegebedürftigen oder ihren Angehörigen zu erklären, was sich in vielen Situationen schwierig und zeitintensiv gestaltet. Auch das aggressive Verhalten von Pflegebedürftigen und Angehörigen gegenüber dem Pflegepersonal hat zugenommen, welches dann versucht, deeskalierend einzuwirken. Solche Situationen werden als psychisch belastend empfunden.

> „Wenn Angehörige da sind, die unzufrieden sind oder aggressiv, denke ich mir: Warum diskutiere ich oder warum muss ich mir das jetzt geben oder anhören? Ich bin eine böse, ungerechte, unhöfliche Person, obwohl ich eigentlich nur das Beste für den Patienten will?"

> „Dann schreit diese Person mich an für Dinge, für die ich gar nichts kann, und man sagt ihnen: Hören Sie auf zu schreien, das bringt niemandem was, oder man versucht zu deeskalieren und sie schreien weiter. Und sie laufen einem dann nach und stören einen im weiteren Arbeitsgeschehen – das finde ich psychisch sehr, sehr belastend ..."

Die Pflegenden werden mit Unzufriedenheit und „Wutgesprächen" bis hin zu Aggressions- oder Gewaltereignissen in der Pflegepraxis konfrontiert, was für sie eine psychische Belastung darstellt und einen Berufsausstieg zur Folge haben kann.

6.6 Fehlende Unterstützung von der Führungskraft (Handlungsfeld)

Gesundheits- und Krankenpfleger*innen haben den Wunsch, dass die eigene Führungskraft ihnen Verständnis und Rücksichtnahme entgegenbringt und sie umfassend unterstützt. Sie geben an, dass teilweise individuelle Belastungsgrenzen der Mitarbeiter*innen nicht ausreichend berücksichtigt werden. Mitunter empfinden die Pflegenden eine Führungskraft auch als nicht ausreichend vertrauenswürdig, weshalb sie bei Problemen nicht immer den Mut finden, sich an die Führungskraft zu wenden. Diese fällt dann als wichtige Ansprech- und Vertrauensperson für die Mitarbeiter*innen weg. Es gibt nach wie vor Stationen, auf denen die Führungskraft beispielsweise in Bezug auf die Einteilung von Schichtdiensten keinen Spielraum für Flexibilität ermöglicht, sondern alle Pflegenden dieselbe Anzahl an Nachtdiensten absolvieren müssen. Auf diese Weise werden die unterschiedlichen Belastungsgrenzen der einzelnen Mitarbeiter*innen zu wenig berücksichtigt. Es besteht zudem der Wunsch, dass die eigene Führungskraft Verständnis für den Stresslevel zeigt, den die Mitarbeiter*innen in der Pflegepraxis bewältigen müssen.

> „Für mich gehört zu einer Führungskraft, dass sie Rücksicht nimmt bzw. Verständnis zeigt – auch für den Stress, den wir haben. Das tut nämlich unsere Leitung leider nicht, sondern sie sagt: Na, so schlimm ist es ja nicht ..."

Schließlich gibt es auch Pflegepersonen, die aus unterschiedlichen Gründen ein „schwieriges" Verhältnis zur Führungskraft haben.

6.7 Körperliche Belastungen (Handlungsfeld)

Im Pflegeberuf sind die Pflegenden auch körperlichen Belastungen ausgesetzt. Vor allem die Mobilisierung und Transferierung von Pflegebedürftigen wird als körperlich anstrengend empfunden, insbesondere dann, wenn diese großen Unterstützungsbedarf haben und selbst kaum noch mithelfen können.

> „Auf meiner jetzigen Station ist sehr viel Körperpflege, es werden immer mehr ältere Patienten ... die dann auch dement sind und nicht mehr mitarbeiten können und, wenn man sie angreift, sich auch wehren und schlagen. Und das sind halt Situationen, die körperlich anstrengend sind."

Auch das Hochheben von zu Pflegenden nach einem Sturzereignis ebenso wie Reanimationssituationen werden als körperlich anstrengend und fordernd empfunden. Zudem stehen auf den Stationen zu wenig Hilfsmittel zur Verfügung, um die Mobilisierung und Transferierung in der Pflegepraxis zu erleichtern.

Für das Pflegepersonal stellen auch die Arbeitszeiten, der Schichtdienst und längere Arbeitsdienstblöcke wie Tag – Tag – Nacht oder Tag – Tag – Nacht – Nacht eine körperliche Belastung dar. Die Pflegenden müssen des Weiteren im Dienst viel von einer „Glocke" zur nächsten laufen und empfinden auch das als körperliche Belastung, weshalb sie sich am Ende eines Dienstes körperlich müde und erschöpft fühlen. Bereits nach ein paar Jahren im Pflegeberuf verspüren sie körperliche Beschwerden wie Rückenschmerzen und glauben nicht, dass sie diesen auch körperlich anspruchsvollen Pflegeberuf bis zur Pensionierung ausüben können.

6.8 Identifikation mit dem Pflegeberuf (Handlungsfeld)

Der Pflegeberuf ist nicht immer der eigene Traumberuf gewesen, sondern mitunter aus dem Wunsch der Eltern, die selbst im Pflegebereich tätig sind, entstanden, oder als zweite Wahl, weil der erste Berufswunsch nicht funktioniert hat. Diesen Pflegenden fällt es besonders schwer, sich mit dem Pflegeberuf zu identifizieren. Pflegepersonen wiederum, deren Traumberuf die Pflege ist, kommen mit „Euphorie" aus der Ausbildung in den Beruf und treffen dort auf die Realität, dass vieles, das sie in ihrer Ausbildung gelernt haben, in der Pflegepraxis unter den bestehenden strukturellen Rahmenbedingungen mit dem Mangel an zeitlichen und personellen Ressourcen nicht umsetzbar ist. Dies führt bei ihnen oft zu einer Enttäuschung.

> „Ich möchte mich schon mit dem Pflegeberuf identifizieren können. Mit der Zeit wurde es aber immer schwieriger. Es gibt natürlich Tage, wo es besser läuft, und manche Tage, wo es ... wo ich mich nicht damit identifizieren kann. Aber einfach – weil man nicht das leisten kann, was man will ... also deswegen, weil ich einfach weiß, was möglich wäre, wenn gewisse strukturelle Möglichkeiten gegeben wären."

Die Berufsausübung führt bei den Pflegepersonen mitunter immer wieder zu einem „inneren Konflikt" mit sich selbst und dem Pflegeberuf. So gibt es immer wieder Tage und Momente, an denen die Pflegenden daran denken, aufzuhören oder das „Handtuch zu werfen". Fehlt die grundsätzliche Identifikation mit dem Pflegeberuf oder nehmen die Tage, an denen sie sich nicht mit dem Pflegeberuf identifizieren können, immer mehr zu, kommt es zu einer „Zerrissenheit" und dem „inneren Konflikt", ob man den Pflegeberuf weiter ausüben oder ihn verlassen soll.

6.9 Resilienz und resilienzfördernde Führung

Folgende Strategien können Gesundheits- und Krankenpfleger*innen im Umgang mit **Stress** unterstützen:

1. Das Erleben von großem Stress ist **zulässig**
   Viele Pflegende erleben starken Stress. Dies bedeutet nicht, dass Sie Ihrem Beruf nicht gewachsen oder dass Sie „schwach" sind.
2. Die eigenen **Grundbedürfnisse** berücksichtigen
   Es ist wichtig, dass Sie trotz aller Anforderungen Ihre eigenen Grundbedürfnisse wahrnehmen und berücksichtigen. Das bedeutet, dass Sie sich Pausen nehmen, gesund und ausreichend essen und körperliche Aktivität wie etwa Sport betreiben.

3. Vermeiden von **ungesunden Bewältigungsstrategien**
   Vermeiden Sie dysfunktionale Bewältigungsstrategien wie Zigaretten-, Alkohol- oder Substanzkonsum.
4. Auf frühere, bekannte und **bewährte Bewältigungsstrategien** zurückgreifen
   Erinnern Sie sich an Strategien, die Ihnen früher in schwierigen oder belastenden Situationen geholfen haben, und wenden Sie diese erneut an.
5. Sich mit **Teammitgliedern** austauschen
   Tauschen Sie sich mit Teammitgliedern, die sich entweder in einer ähnlichen Situation wie Sie befinden oder in der Vergangenheit bereits ähnliche Erfahrungen gemacht haben, über Ihre aktuelle Situation aus.
6. Aufrechterhalten von **sozialen Kontakten**
   Halten Sie Ihre sozialen Kontakte auch in schwierigen und belastenden Zeiten aufrecht und nutzen Sie auch den Kontakt über Kommunikationsmedien.
7. Zulassen von starken **emotionalen Reaktionen**
   Lassen Sie selbst Gefühle wie Überforderung, starken Druck, Stimmungsschwankungen, Reizbarkeit, Erschöpfung, Schwierigkeiten, zu entspannen, oder körperliche Beschwerden zu und nehmen Sie diese als solche auch an.
8. Nach **Unterstützung** suchen
   Das Vorhandensein und Persistieren von chronischem Stress kann das psychische Wohlbefinden beeinträchtigen. Sollten Sie sich überwältigt fühlen, dann nehmen Sie Ihren Mut zusammen und wenden Sie sich an Ihre Führungskraft oder an andere Ansprechpersonen, um Unterstützung zu erhalten.
9. Aufrechterhalten von **Routinen**
   Versuchen Sie Routinen, Gewohnheiten und Rituale in Ihrem Alltag weiterhin aufrechtzuerhalten und neue Routinen zu etablieren, denn Routinen vermitteln ein Gefühl von Sicherheit und Kontrolle (Petzold, Plag & Ströhle, 2020).
10. **Soziale Unterstützung**
    Seien Sie in Gemeinden oder Vereinen aktiv, verbringen Sie bewusst Zeit mit der Familie und dem Freundeskreis, legen Sie fixe Termine für Treffen fest, unternehmen Sie Ausflüge am Wochenende, fahren Sie auf Urlaub mit der Familie oder dem Freundeskreis. Knüpfen Sie kollegiale Kontakte, suchen Sie proaktiv das Gespräch sowie den gemeinsamen Austausch mit den Teammitgliedern und fördern Sie kontinuierlich eine enge und gute Zusammenarbeit mit diesen.
11. **Aktive Stressbewältigung**
    Eliminieren Sie gezielt die Ursachen für Ihr Stresserleben, stellen Sie einen Zeitplan auf, formulieren Sie Ziele für sich selbst am besten nach dem SMART-Prinzip (Spezifisch, Messbar, Anspruchsvoll, Realistisch und Terminisiert), achten Sie auf Ihr Zeitmanagement und erstellen Sie eine Wochenplanung.

12. **Positives Denken**
    Versuchen Sie Probleme als Herausforderung anzusehen, lernen Sie aus vergangen Situationen, seien Sie stets selbstreflektiert und führen Sie jeden Tag eine positive Rückschau durch.
13. **Erholungsverhalten**
    Nutzen Sie Ihre freie Zeit sinnvoll, gehen Sie (weiterhin) Ihren Hobbys nach, achten Sie auf ausreichend Schlaf, nehmen Sie regelmäßig Urlaub oder vereinzelte Urlaubstage und achten Sie insgesamt darauf, ausreichend Ruhetage einzulegen.

(Kempny & Breimann, 2020)

Maßnahmen, die Sie als Führungskraft setzen können, um die **psychische Belastung** bei Ihren Mitarbeiter*innen zu reduzieren:

1. Behalten Sie die **psychische Belastung** im Blick
   Seien Sie aufmerksam im Hinblick auf die psychische Gesundheit Ihrer Mitarbeiter*innen und schaffen Sie eine Atmosphäre, in der Ihre Mitarbeiter*innen den Mut haben, Sie anzusprechen, wenn sie eine psychische Belastung erleben.
2. Fördern Sie die **Kommunikation**
   Fördern Sie die Kommunikation, aber auch den Informationsfluss, denn dies hilft, Sorgen und Unsicherheiten zu reduzieren und ein Gefühl von Kontrolle zu schaffen.
3. Fördern Sie **Pausen und Erholung**
   Schaffen Sie Strukturen und Rahmenbedingungen, die Ihren Mitarbeiter*innen Pausen ermöglichen, in denen innerhalb des Arbeitstages dann auch tatsächlich Ruhe und Erholung sichergestellt sind.
4. Ermöglichen Sie **kollegiale Unterstützung**
   Schaffen Sie Gelegenheiten und ein Arbeitsklima, in dem Ihre Mitarbeiter*innen sich miteinander austauschen und einander gegenseitig im Team unterstützen.
5. Zeigen Sie Zugang zu **psychosozialen Hilfen** und **Unterstützungsangeboten** auf
   Zeigen Sie auf, welche Möglichkeiten es für die Inanspruchnahme psychosozialer Hilfen und Unterstützungsangebote gibt. Beachten Sie unbedingt, dass die Inanspruchnahme psychosozialer Unterstützungsangebote auf keinen Fall mit Stigmatisierung verbunden sein darf.
6. Halten Sie auch Ihre eigene **Selbstfürsorge** aufrecht
   Als Führungskraft tragen Sie viel Verantwortung und sind ebenfalls vielfältigen Stressoren ausgesetzt. Achten Sie daher auch auf Ihr eigenes psychisches Wohlbefinden. Wichtig zu beachten ist, dass Sie selbst Rollenvorbild für einen selbstfürsorglichen Umgang mit Stress sind.
7. Ermöglichen Sie **flexible Arbeitszeiten**
   Achten Sie darauf, Ihren Mitarbeiter*innen flexible Arbeitszeiten zu ermöglichen – insbesondere, wenn sie belastet sind und sich Ihnen anvertraut haben.

8. Nehmen Sie **Stress und psychische Belastung** ernst
   Nehmen Sie Stress und psychische Belastung bei Ihren Mitarbeiter*innen ernst und versuchen Sie, diese in der jeweiligen Situation bestmöglich zu unterstützen. Achten Sie darauf, Ihre Mitarbeiter*innen so gut wie möglich vor Belastungen zu schützen.
9. Vermitteln Sie **Wertschätzung**
   Vermitteln Sie Ihren Mitarbeiter*innen kontinuierlich Ihre Wertschätzung als Führungskraft für die außergewöhnlichen Leistungen, die sie tagtäglich in der Pflegepraxis vollbringen.
10. Sorgen Sie für eine **klare Rollen- und Aufgabenverteilung**
    Sorgen Sie für eine klare Verteilung von Rollen und Aufgaben und passen Sie diese regelmäßig an sich verändernde Gegebenheiten an.

(Petzold, Plag & Ströhle, 2020)

Maßnahmen, die Sie als Führungskraft setzen können, um in einer **akuten Belastungssituation** oder nach einem traumatisierenden Ereignis unterstützend einzuwirken:

1. **Identifizierung der Belastungssituation**
   Dies erfordert vor allem besondere Achtsamkeit von der Führungskraft.
2. **Aktives kollegiales Gesprächsangebot**
   Gehen Sie als Führungskraft proaktiv auf die betreffende Person zu, signalisieren Sie Gesprächsbereitschaft und machen Sie verbindliche Gesprächsangebote.
3. **Verständnis für den Bedarf an Hilfe**
   Zeigen Sie Verständnis, Empathie und Anteilnahme für die Situation der betreffenden Person.
4. (Kurze) **Auszeit von der klinischen Tätigkeit** anbieten und sicherstellen
   Dies gilt es unbedingt auch bei Personalengpässen zu berücksichtigen, da ein (längerfristiger oder dauerhafter) krankheitsbedingter Ausfall insgesamt die größere Personalproblematik darstellen würde.
5. Gegebenenfalls **Verständigung eines Kriseninterventionsteams**
   Im Idealfall gibt es ein organisationsinternes eigenes Kriseninterventionsteam, das sich aus eigenen Mitarbeiter*innen mit einer solchen Spezialausbildung zusammensetzt. Ein Kriseninterventionsdienst muss grundsätzlich immer niederschwellig und rund um die Uhr verfügbar sein sowie direkte und vertrauliche Unterstützung bieten.
6. Nachbesprechung, sogenanntes **„Debriefing" der belastenden Situation**
7. Gegebenenfalls Überleitung in ein **Netzwerk professioneller Unterstützung**

(Strametz, Raspe, Ettl, Huf & Pitz, 2020)

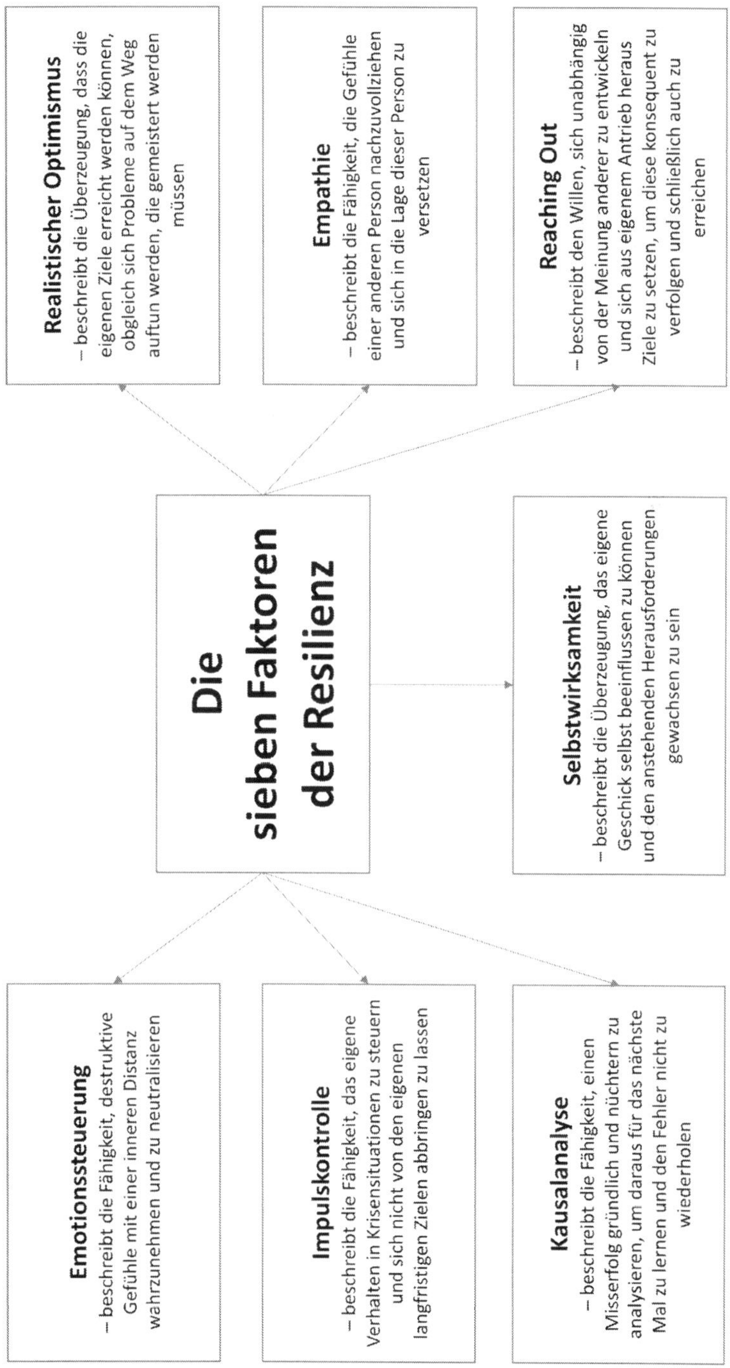

Abb. 5: **Faktoren der Resilienz (adaptiert nach Drath, 2016)**

Resilienz beschreibt in der Psychologie die Fähigkeit, mit äußeren Belastungen oder Krisensituationen umgehen zu können und bezeichnet die psychische Widerstandsfähigkeit. Resilienz kann entwickelt und erlernt werden (Abb. 5). Hohe Resilienz führt zu einem besseren Umgang mit Stress und Belastungen. Sie kann durch ein bleibendes Interesse am Beruf, starkes Selbstbewusstsein, die Wahrnehmung und Akzeptanz der eigenen Grenzen sowie durch die sich selbst zugeschriebene Bedeutsamkeit der eigenen Rolle gestärkt werden (Kempny & Breimann, 2020).

Der **Resilienz von Pflegepersonen** kommt eine zentrale Bedeutung zu, da eine große Widerstandsfähigkeit sie vor den negativen Auswirkungen der vielfältigen Stressoren und Belastungen im Pflegeberuf besser bewahren kann. Es zeigt sich

- eine **positive Korrelation** zwischen der Resilienz und (steigendem) Alter, den Jahren an Berufserfahrung und der Arbeitszufriedenheit sowie
- eine **negative Korrelation** zwischen Resilienz und Ausbildungsniveau, einer hohen Stressbelastung und einem bestehenden Erschöpfungszustand.

Einen unmittelbaren und direkten Einfluss auf die Resilienz des Gesundheitspersonals hat zudem die **Schlafqualität** – eine hohe Schlafqualität erhöht die Widerstandsfähigkeit. Achtsame Selbstfürsorge und individuelle Strategien, die Aufrechterhaltung der Work-Life-Balance, soziale Unterstützung sowie die (Be-)Achtung der eigenen Lebensqualität stellen ebenfalls wichtige Faktoren dar.

Essenziell sind frühzeitiges Erkennen und Ernstnehmen vorhandener Belastungen und Überforderung und proaktives Setzten gezielter Maßnahmen sowohl zur Prävention als auch zur Entlastung. Für Aufbau und Aufrechterhalten von Resilienz braucht es

- eine positive Arbeitsatmosphäre,
- die Aufrechterhaltung der Work-Life-Balance,
- soziale Unterstützung,
- die Verfügbarkeit professioneller Unterstützung sowie
- das Angebot von **Fortbildungen, Schulungen und Workshops**.

(Lin, Huang, Carter & Zuniga, 2021)

Insbesondere ist es von zentraler Bedeutung, bereits angehende Pflegepersonen **während der Ausbildungszeit** frühzeitig beim Aufbau und der Aufrechterhaltung von Resilienz intensiv zu unterstützen (Lin, Huang, Carter & Zuniga, 2021).

Als Führungskraft gilt es, auf die eigene Resilienz zu achten, den Mitarbeiter*innen dieses Verhalten positiv vorzuleben und eine Vorbildfunktion einzunehmen. Zudem muss die Resilienz der einzelnen Mitarbeiter*innen beobachtet und die eigene Führung im Sinne eines resilienzfördernden Führungsverhaltens (Abb. 6) gestaltet werden – Grundvoraussetzung dafür ist die offene und vertrauensvolle Beziehung zu den einzelnen Mitarbeiter*innen (Drath, 2016).

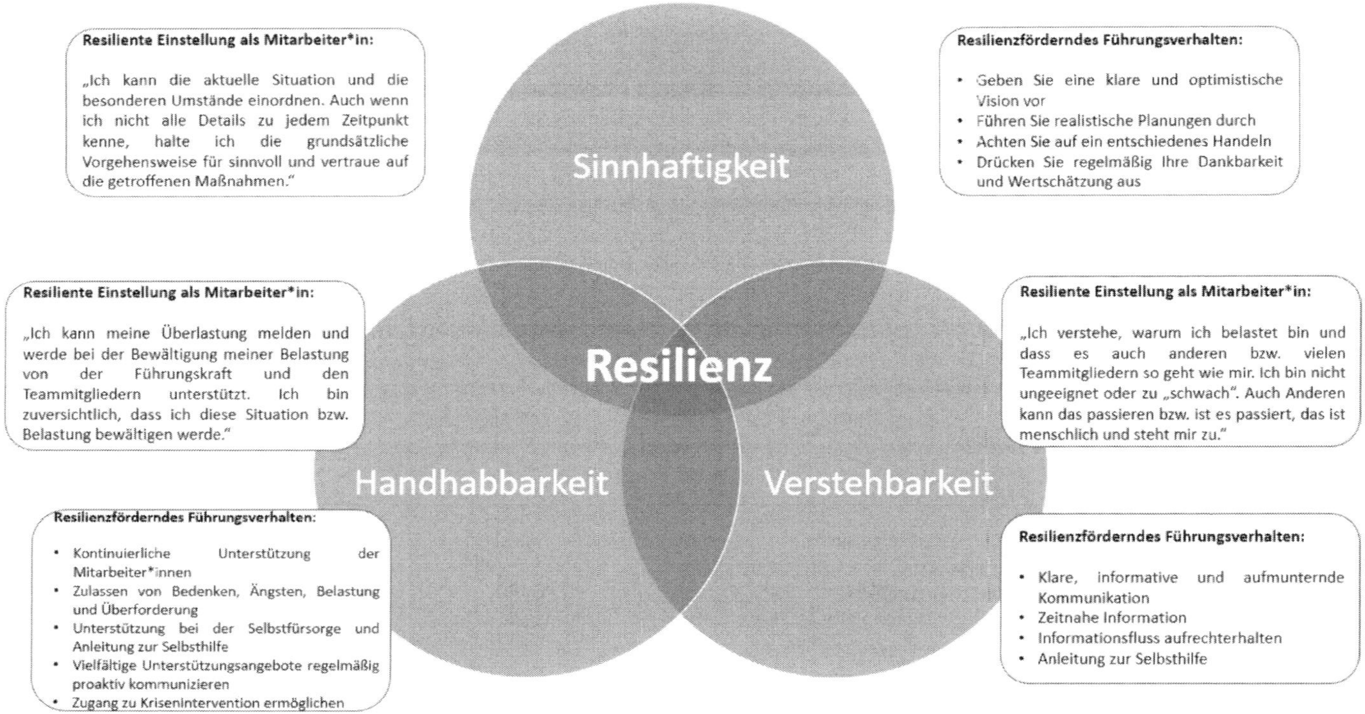

Abb. 6: Resilienzförderndes Führungsverhalten (adaptiert nach Strametz, Raspe, Ettl, Huf & Pitz, 2020)

Faktoren, die von Ihnen als Führungskraft im Sinne einer **resilienzfördernden Führung** besonders zu beachten sind:

1. **Arbeitsmenge**
   Achten Sie darauf, dass die Arbeitsmenge für Ihre Mitarbeiter*innen handhabbar ist und sorgen Sie dafür, dass diesen neben der Arbeit auch tatsächliche Erholungszeit ermöglicht wird. Zudem ist es von entscheidender Relevanz, dass zwischen der Aufgabe und den Fähigkeiten der einzelnen Mitarbeiter*innen eine genaue Passung herrscht, um Überforderung und Überlastung entgegenzuwirken.
2. **Gestaltungsmöglichkeiten** und **Handlungsspielraum**
   Bieten Sie Ihren Mitarbeiter*innen ausreichend Gestaltungsmöglichkeiten und Handlungsspielraum sowie die Freiheit, die eigene Arbeit zu gestalten.
3. **Belohnung und Anerkennung**
   Setzen Sie sich als Führungskraft für eine leistungsgerechte Entlohnung Ihrer Mitarbeiter*innen sowie darüberhinausgehend vor allem für Zusatzleistungen ein. Besonders wesentlich sind für Mitarbeiter*innen soziale Anerkennung und Wertschätzung vonseiten der Führungskraft und der Teammitglieder.
4. **Arbeitsklima und Kollegialität**
   Schaffen Sie eine Arbeitsatmosphäre, in der gute kollegiale Beziehungen aufgebaut und aufrechterhalten werden können. Gestalten Sie Rahmenbedingungen, durch die regelmäßige Austausch- und Gesprächsmöglichkeiten für Ihre Mitarbeiter*innen geschaffen werden. Sorgen Sie zudem für einen konstruktiven Umgang mit Konflikten im Team.
5. **Transparenz und Gerechtigkeit**
   Sorgen Sie für eine faire und nachvollziehbare Verteilung der Arbeit. Achten Sie zudem besonders darauf, Ihren Mitarbeiter*innen den gleichen Lohn und vor allem die gleiche Wertschätzung für gleichwertige Arbeit entgegenzubringen.
6. **Sinnhaftigkeit der Arbeit**
   Versuchen Sie, die zu leistende Arbeit mit den eigenen Werten der Mitarbeiter*innen zu harmonisieren: Ermöglichen Sie ihnen Rahmenbedingungen, unter denen sie die geleistete Arbeit ethisch vertreten können.

(Drath, 2016)

Die Fähigkeit zur Resilienz unterstützt Pflegepersonen darin, mit den negativen Auswirkungen von Stress im Berufskontext besser umzugehen. Dabei wird zwischen Strategien auf der Individualebene und Strategien im Berufskontext unterschieden.

Strategien zur Selbstfürsorge auf der **Individualebene** können z.B. sein:

- Teilnahme an der sozialen Gemeinschaft
- Positive Bewältigungsstrategien

- Meditation und Yoga
- Reduktion der Arbeitszeit
- Gesunder Lebensstil
- Ausreichend Schlaf

All dies wirkt sich positiv auf die individuelle Resilienz aus.

Im **Berufskontext** können beispielsweise folgende Strategien zur Förderung der Selbstfürsorge und Resilienz implementiert werden, um die langfristige Bindung von Pflegepersonen zu stärken:

- Gezielte Wertschätzung und Anerkennung
- Förderung eines positiven Arbeitsumfeldes
- Soziale Unterstützung
- Aufrechterhaltung einer Work-Life-Balance
- Akzeptanz und Rücksichtnahme persönlicher Grenzen
- Entwicklung von Bildungsprogrammen

(Lin, Huang, Carter & Zuniga, 2021)

Bei der Entwicklung von **Programmen zur Resilienzförderung** wird der Fokus auf Maßnahmen gelegt, die im Bereich der Prävention und Gesundheitsförderung verortet sind. Die zentralen Faktoren, die es zu stärken gilt, sind:

- Selbstwahrnehmung
- Selbstwirksamkeit
- Selbststeuerung bzw. -regulation
- soziale Kompetenz
- adaptive Bewältigungskompetenz
- Problemlösen
- Sinn und Ziele

(Rönnau-Böse & Fröhlich-Gildhoff, 2020)

Eine Möglichkeit, einander als Pflegende gegenseitig zu unterstützten, ist die sogenannte **kollegiale Beratung**. Dabei handelt es sich um ein strukturiertes Beratungsgespräch innerhalb einer Gruppe, bei dem ein*e Teilnehmer*in von den anderen Teilnehmer*innen nach einem bestimmten Ablauf und mit verteilten Rollen beraten wird – mit dem Ziel, für eine konkrete **berufliche Schlüsselfrage** anhand einer Falldarstellung aus der direkten Berufspraxis vielfältige Lösungsmöglichkeiten zu entwickeln. Die kollegiale Beratung zeichnet sich durch einen regelmäßigen und **selbstorganisierten Gruppenprozess** auf freiwilliger Basis aus und findet unabhängig von professionellen Berater*innen oder Supervisor*innen statt (Kocks & Segmüller, 2019; Tietze, 2020).

Für die **Falldarstellung** werden Fälle ausgewählt, die aktuelle Situationen, Ereignisse, Herausforderungen oder Interaktionen darstellen und von einer Person im beruflichen Kontext erlebt werden – und zwar in der Regel als konflikthaft, überfordernd und belastend. Charakteristisch für diese Fälle sind ein oder mehrere misslungene Lösungsversuche oder Handlungsunsicherheiten (Kocks & Segmüller, 2019).

Ziel der kollegialen Beratung ist es, vielfältige Lösungen für konkrete berufliche Herausforderungen zu entwickeln, die Reflexion und Weiterentwicklung der beruflichen Tätigkeiten und Haltungen zu fördern sowie die berufliche Beratungskompetenz und Teamentwicklung zu stärken.

Die kollegiale Beratung zeichnet sich durch folgende **Merkmale** aus:

- Arbeiten und Beraten in einer Gruppe
- Selbstgesteuerte Gruppe ohne externe Begleitung
- Klarer und festgelegter Ablauf
- Klarheit über die Methode der kollegialen Beratung
- Klare Rollenverteilung, klare Aufgabenverteilung innerhalb der Rollen
- Aktive Beteiligung aller Teilnehmer*innen
- Schwerpunkt auf den beruflichen Inhalten und Fragestellungen
- Gleichberechtigung und Gleichrangigkeit aller Teilnehmer*innen
- Agieren in diesem Setting unabhängig von den Hierarchien außerhalb der Gruppe
- Gegenseitige Wertschätzung und Respekt der Teilnehmer*innen innerhalb der Gruppe

(Kocks & Segmüller, 2019; Tietze, 2020)

Die kollegiale Beratung bringt folgende **Vorteile**:

- Gezielte Reflexion über unterschiedliche berufliche Situationen
- Förderung des kollegialen Austausches untereinander
- Entwicklung und Stärkung der Reflexionsfähigkeit
- Verminderung von Belastungen bei den Pflegepersonen
- Förderung der persönlichen (Weiter-)Entwicklung
- Erweiterung der pflegerischen Fachexpertise
- Förderung des Zusammenhalts innerhalb der Gruppe durch Wertschätzung, Anerkennung und das gemeinsame Finden von Lösungen

(Kocks & Segmüller, 2019; Tietze, 2020)

Für die Etablierung der kollegialen Beratung auf Organisationsebene und in den einzelnen Organisationseinheiten bedarf es folgender **Voraussetzungen** und **Rahmenbedingungen**:

- Zeit und Aufmerksamkeit für die kollegiale Beratung
- Verantwortungsvolle Übernahme der Rollen und Aufgaben
- Prinzip der Freiwilligkeit
- Vertrauen, Offenheit und gegenseitige Wertschätzung innerhalb der Gruppe
- Strenge Vertraulichkeit: die Inhalte bleiben innerhalb der Gruppe
- Wertfreie Atmosphäre
- Beratung auf einer Hierarchieebene, z.B.: die Führungskräfte unter sich, das Pflegeteam für sich
- Jeweils Reflexion der fallerzählenden Person über die vorausgegangene kollegiale Beratung hinsichtlich umgesetzter Lösungswege und aufgetretener Verbesserungen

(Kocks & Segmüller, 2019; Tietze, 2020)

Heterogene Gruppen haben sich aufgrund der verschiedenen Sichtweisen und der Entwicklung unterschiedlicher Lösungswege als vorteilhaft erwiesen.

Die kollegiale Beratung setzt sich insgesamt aus **sechs Phasen** mit **fünf verschiedenen Rollen** zusammen, wobei man zwischen **vier unterschiedlichen Methoden** wählen kann (Abb. 7). Sie beansprucht eine Dauer von etwa 40 bis 60 Minuten und eignet sich für Gruppengrößen von fünf bis zehn Personen. Zu beachten ist, dass in jeder Beratungseinheit die Rollen der teilnehmenden Personen wieder neu zu verteilen sind (Kocks & Segmüller, 2019; Tietze, 2020).

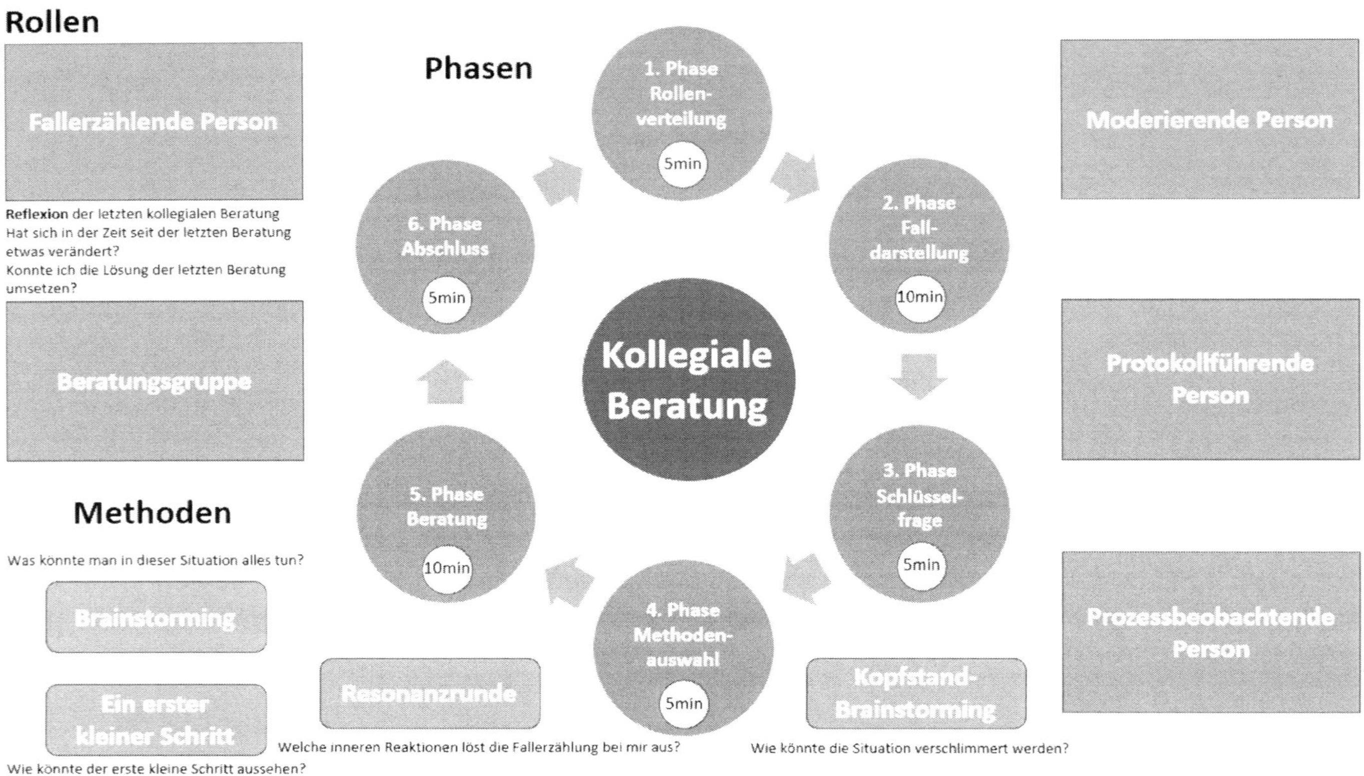

Abb. 7: Phasen, Rollen und Methoden der kollegialen Beratung (adaptiert nach Kocks & Segmüller, 2019; Tietze, 2020)

6.10 Exkurs: Covid-19-Pandemie

Arbeitsbelastung

Im Vergleich zur Arbeitssituation vor der Covid-19-Pandemie bis März 2020 geben beachtliche 86% der Gesundheits- und Krankenpfleger*innen an, dass sich ihre Arbeitssituation im Krankenhaus verschlechtert oder stark verschlechtert hat. Die Pflegepersonen erlebten durch die Pandemie eine Steigerung der bisherigen Arbeitsbelastung (Abb. 8) durch das Tragen von Schutzausrüstung und das Abnehmen von Abstrichen (81%), durch den erhöhten organisatorischen Aufwand wie beispielsweise bei stationären Aufnahmen oder Untersuchungen (59%), das stundenlange Tragen der Schutzausrüstung (57%), den Personalmangel (55%) und die Unmöglichkeit, ein Ende der Pandemie abzusehen (53%) (Gferer & Gferer, 2021).

Psychische und physische Belastung

41% der Pflegenden fühlten sich aufgrund der Pandemie psychisch stark bis sehr stark belastet. Dies beinhaltete Symptome wie Ängste, Sorgen, Gedankenkreisen, Schlaflosigkeit oder Nicht-abschalten-Können. Weiters fühlten sich die Gesundheits- und Krankenpfleger*innen zu 49% körperlich stark bis sehr stark belastet. Dies beinhaltete Symptome wie Sich-erschöpft-und-ausgelaugt-Fühlen, zusätzliche oder verstärkte Schmerzen sowie andere körperliche Beschwerden (Gferer & Gferer, 2021).

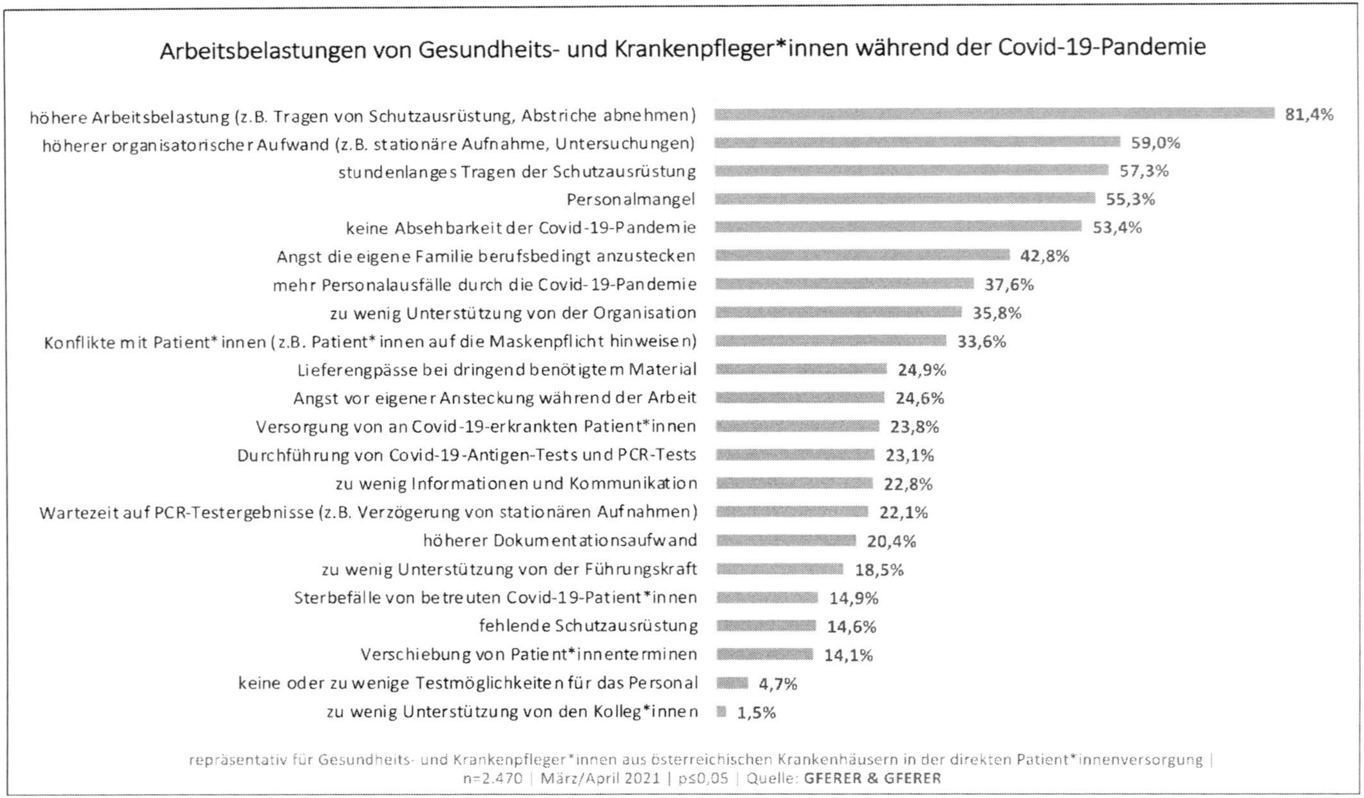

Abb. 8: **Arbeitsbelastungen von Gesundheits- und Krankenpfleger*innen während der Covid-19-Pandemie (Gferer & Gferer, 2021)**

Aggressions- und Gewalterlebnisse

Zwei Drittel der Gesundheits- und Krankenpfleger*innen geben an, dass die Covid-19-Pandemie nicht dazu beigetragen habe, sich von den Pflegebedürftigen mehr respektiert zu fühlen. Zum Teil wurde sogar eine Zunahme von aggressivem und gewalttätigem Verhalten wahrgenommen. Bedauerlicherweise waren rund drei Viertel (77%) der Pflegenden im Krankenhaus während der Pandemie verbaler und körperlicher Gewalt seitens der Pflegebedürftigen ausgesetzt. Von diesen Gewaltereignissen bestanden 60% in verbaler Aggression (beispielsweise Beleidigungen, Beschimpfungen oder Drohungen) und 17% in körperlicher Aggression (beispielsweise Schläge oder Tritte) (Abb. 9). Je jünger die Pflegeperson war, desto eher war sie von körperlicher Aggression und Gewalt betroffen (Gferer & Gferer, 2021).

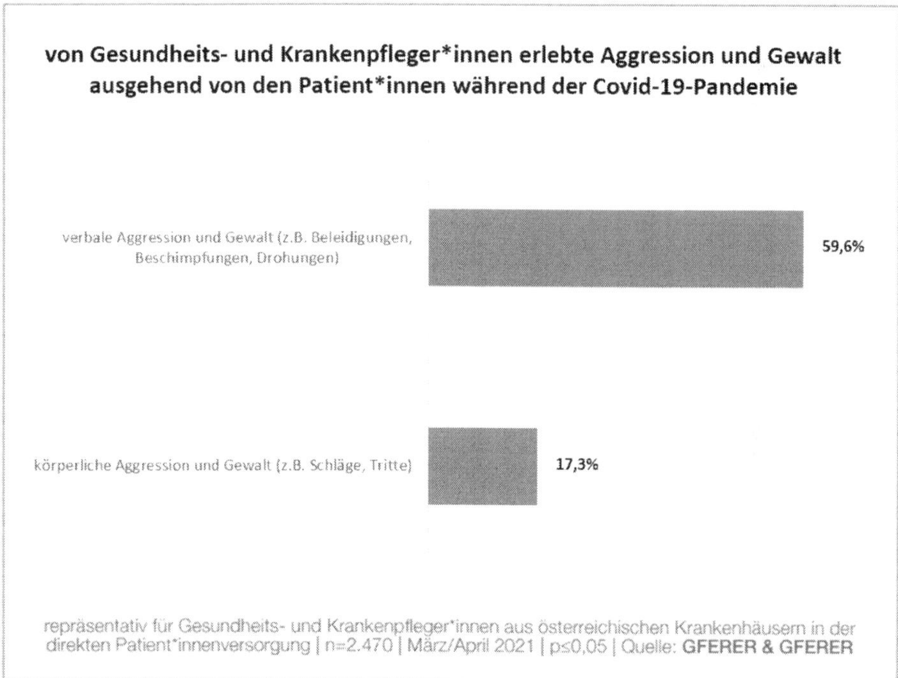

Abb. 9: Erleben von Aggression und Gewalt während der Covid-19-Pandemie (Gferer & Gferer, 2021)

Für die Implementierung einer **Stabstelle für Sicherheits- und Deeskalationsmanagement** auf Organisationsebene kann nachfolgendes Umsetzungskonzept herangezogen werden.

Aufgabenbereiche dieser Stabstelle:

- Auseinandersetzung (auf Organisationsebene) mit dem systematischen Umgang mit Aggression und Gewalt am Arbeitsplatz
- Erfassung von Aggressions- und Gewaltereignissen am Arbeitsplatz (EVA-Bogen)
- Festlegung von Qualitätszielen und -kriterien im Umgang mit Aggression und Gewalt
- Durchführung von Risiko- und Arbeitssicherheitsanalysen
- Evaluierung von Prozessen, Abläufen und Zuständigkeiten insbesondere bei erfolgten Aggressions- und Gewaltereignissen sowie Aufzeigen von Verbesserungspotential
- Regelung einer einheitlichen Dokumentation von Aggressions- und Gewaltereignissen (EVA-Bogen)
- Nachsorgeregelung für Mitarbeiter*innen, die nach einem Aggressions- und Gewaltereignis psychisch oder physisch beeinträchtigt wurden
- Entwicklung und Umsetzung geeigneter Maßnahmen zur Prävention von Aggressions- und Gewaltereignissen
- Entwicklung von Schulungsmaßnahmen zur Kompetenzerweiterung der Mitarbeiter*innen im Umgang mit Aggression und Gewalt(ereignissen)
- Einrichtung eines Notrufsystems und eines Unterstützungsplans – Anforderung von Unterstützung z.B. im Nachtdienst
- Einrichtung einer Kontaktstelle für alle Mitarbeiter*innen hinsichtlich konkreter Hilfestellung und Unterstützung im Zusammenhang mit Aggression und Gewalt

Strategische **Zielsetzungen**:

- Umfassendes Angebot an Schulungsmaßnahmen im Sicherheits- und Deeskalationsmanagement
- Prävention und Deeskalation von Aggressions- und Gewaltereignissen
- Reduktion von freiheitsbeschränkenden Maßnahmen
- Erfassung von Aggressions- und Gewaltereignissen (EVA-Bogen)

Ziele im Rahmen des Schulungskonzepts:

- In den Gesundheitseinrichtungen gibt es in jedem Bereich Mitarbeiter*innen, die eine Ausbildung im Deeskalations- und Sicherheitsmanagement absolviert haben und mit dieser Expertise Trainings abhalten können
- Schulungsmaßnahmen im Umgang mit Aggression und Gewalt beziehen Mitarbeiter*innen aller Berufsgruppen mit ein

- Mitarbeiter*innen aus den Gefährdungsbereichen erhalten eine fünftägige Schulung im Sicherheits- und Deeskalationsmanagement und jährlich einen dreitägigen „Refresher"-Kurs
- Mitarbeiter*innen aus dem allgemeinen Krankenhausbereich erhalten eine dreitägige Schulung im Sicherheits- und Deeskalationsmanagement
- Auch die Führungskräfte werden gezielt im Sicherheits- und Deeskalationsmanagement geschult
- Zentrales Ziel der Schulungsmaßnahmen sind die Entwicklung von Handlungskompetenz und die Vermittlung von deeskalierenden Strategien in Konflikt- und Bedrohungssituationen
- Personal, das im Deeskalations- und Sicherheitsmanagement ausgebildet ist, besitzt die Kompetenz, vielfältige Gefahrenpotentiale z.B. persönlich, räumlich oder strukturell einschätzen zu können, präventive Maßnahmen zu setzen sowie Situationen sich anbahnender Gewalt frühzeitig zu erkennen und eine Eskalation im Sinne von Aggressions- und Gewaltereignissen durch ein geschultes Vorgehen zu verhindern sowie die Sicherheit aller Beteiligten aufrechtzuerhalten

(Stefan, 2019 & Fragner, 2020)

Der **EVA-Bogen** zur Erfassung und Dokumentation von Aggressions- und Gewaltereignissen kann auf der Homepage „NAGS-Austria – Netzwerk Aggressionsmanagement im Gesundheits- und Sozialwesen" unter „Downloads" heruntergeladen werden (NAGS, 2022).

6.11 Checkliste (Lösungsansätze)

In jeder Organisation gibt es unterschiedliche Handlungsfelder: In der einen Organisation sind bestimmte Maßnahmen bereits etabliert und haben sich gut bewährt, in der anderen Organisation besteht noch konkreter Handlungsbedarf. Reflektieren Sie als Stations-, Bereichs- oder Pflegedienstleitung die Rahmenbedingungen und Gegebenheiten auf Ihrer Station, in Ihrem Bereich oder Ihrer Organisation kritisch. Wo besteht noch Handlungsbedarf? Wo lässt sich eine Maßnahme noch optimieren?

Tab. 6: **Belastungen – Lösungsansätze**

Lösungsansätze	↑↑	↑	✓
Reduktion von **psychischer Belastung** bei den Mitarbeiter*innen:			
▸ Psychische Belastungen ernstnehmen			
▸ Individuelle Belastungsgrenzen akzeptieren			
▸ Resilienz auf Individualebene stärken			
▸ Strategien zur Resilienzförderung stärken			
▸ Aufrechterhaltung der Work-Life-Balance			
▸ Pausen und Erholungsphasen ermöglichen			
▸ Positive Arbeitsatmosphäre und gegenseitige Unterstützung			
▸ Fortbildungen, Schulungen, Workshops			
▸ Professionelle Unterstützungsangebote aufzeigen			
▸ Flexibilisierung der Arbeitszeiten			
▸ Klarheit oder ggf. Flexibilität der Rollen- und Aufgabenverteilung			
▸ Wertschätzung und Dankbarkeit			
Maßnahmen zur Unterstützung der Mitarbeiter*innen in **akuten Belastungssituationen:**			
▸ Belastungssituation identifizieren			
▸ Gesprächsbereitschaft signalisieren, Gesprächsangebote machen und einhalten			
▸ Verständnis für Hilfebedarf zeigen			
▸ Auszeit anbieten			
▸ Kriseninterventionsteam verständigen			
▸ Nachbesprechung belastender Situationen („Debriefing")			
▸ Überleitung zu professioneller Unterstützung			
Sicherstellung eines **resilienzfördernden Führungsverhaltens:**			
▸ Arbeitsmenge beachten			
▸ Gestaltungsmöglichkeiten und Handlungsspielraum			
▸ Anerkennung und Wertschätzung			
▸ Gutes Arbeitsklima			
▸ Transparenz und Gerechtigkeit			
▸ Sinnhaftigkeit der Arbeit spiegeln			
▸ Mitarbeiter*innen kontinuierlich unterstützen			
▸ Bedenken, Ängste und Gefühle der Belastung zulassen			
▸ Unterstützung bei der Selbstfürsorge			
▸ Anleitung zur Selbsthilfe			
▸ Unterstützungsangebote aufzeigen und kommunizieren			
Stärkung der Resilienz im Berufskontext durch weitere Strategien:			
▸ Anerkennung und Wertschätzung zeigen			
▸ Positives Arbeitsumfeld schaffen			
▸ Soziale Unterstützung bieten			
▸ Work-Life-Balance aufrechterhalten			

Lösungsansätze	↑↑	↑	✔
➨ Rücksichtnahme auf persönliche Grenzen			
➨ Programme zur Resilienzförderung			
Entwicklung und Implementierung von **Programmen zur Resilienzförderung:**			
➨ Fort-/Weiterbildung, Schulung, Workshops			
➨ Prävention und Gesundheitsförderung			
➨ Stärkung der zentralen Resilienzfaktoren			
➨ Stärkung von Selbstwahrnehmung, -wirksamkeit, -steuerung, -regulation			
➨ Stärkung sozialkommunikativer Kompetenzen			
➨ Förderung adaptiver Bewältigungskompetenzen			
➨ Aufzeigen von Problemlösungsstrategien			
➨ Unterstützung bei Zielsetzung und -erreichung			
➨ Auseinandersetzung mit Sinnfindung und -stiftung			
Implementierung einer **Stabstelle für Sicherheits- und Deeskalationsmanagement** auf Organisationsebene: **Aufgabenbereiche:**			
➨ Erfassung von Aggressions-/Gewaltereignissen			
➨ Evaluierung von Prozessen und Zuständigkeiten nach Aggressions-/Gewaltereignissen			
➨ Notrufsystem und Unterstützungsplan			
➨ Präventionsmaßnahmen			
➨ Schulungsmaßnahmen			
➨ Nachsorgeregelung für Mitarbeiter*innen			
➨ Einrichtung einer Kontaktstelle			
Schulung im **Sicherheits- und Deeskalationsmanagement** auf Organisationsebene, **für alle Mitarbeiter*innen verpflichtend**: **Schulungskonzept:**			
➨ Einschlägig ausgebildete Mitarbeiter*innen in jedem Bereich			
➨ 5-tägige Schulung und jährlicher „Refresher"-Kurs für Gefährdungsbereiche			
➨ 3-tägige Schulung für allgemeinen Krankenhausbereich			
➨ Schulung der Führungskräfte im Sicherheits- und Deeskalationsmanagement			
➨ Einbeziehung aller Berufsgruppen			
Implementierung von regelmäßiger **kollegialer Beratung** auf der Station:			
➨ Schulung der Mitarbeiter*innen in kollegialer Beratung			
➨ Handbuch mit Rahmenbedingungen und Prozessbeschreibung für Umsetzung in der Praxis			
➨ Regelmäßige kollegiale Beratungen			
➨ Dokumentation und Ergebnisprotokoll			

↑↑ Nicht etabliert, es besteht Handlungsbedarf
↑ Etabliert, aber es besteht Optimierungsbedarf
✔ Etabliert und hat sich bereits gut bewährt

(Eigene Darstellung)

7 Image (Faktor für einen potentiellen Berufsausstieg)

7.1 Ansehen der Pflege (Handlungsfeld)

Pflegepersonen haben den Wunsch, dass die Pflege als Berufsstand mehr Anerkennung und Wertschätzung in der Gesellschaft erhält. Sie erleben eine Diskrepanz insofern, als sie alle Menschen kennen, die von sich selbst sagen, dass sie nicht in der Lage wären, den Pflegeberuf auszuüben, während die Gesellschaft gleichzeitig jenen Menschen, die in diesem schweren Beruf arbeiten, zu wenig Anerkennung und Wertschätzung entgegenbringt.

> „In der Pflege haben wir Kompetenzen! Wir sind ein eigener Berufsstand, und das gehört nach außen – nicht nur im politischen Sinn, sondern auch im gesellschaftlichen Sinne – gestärkt."

Aus Sicht der Gesundheits- und Krankenpfleger*innen gilt es, den Pflegeberuf auf politischer und gesellschaftlicher Ebene aufzuwerten – etwa anhand des bestehenden Qualifikations- und Kompetenzprofils sowie seiner Erweiterung –, um die Attraktivität des Pflegeberufes zu fördern und einen langfristigen Berufsverbleib zu erzielen.

7.2 Fehlende Wertschätzung (Handlungsfeld)

Pflegepersonen wünschen sich mehr Anerkennung, da sie in der Pflegepraxis mit fehlender Wertschätzung sowohl von Pflegebedürftigen und Angehörigen als auch von anderen Berufsgruppen konfrontiert sind. Pflegende werden von anderen Berufsgruppen in ihrer Profession zudem unzureichend wahrgenommen, und das zeigt sich mitunter auch, indem der Fachexpertise des gehobenen Dienstes für Gesundheits- und Krankenpflege nicht immer die erforderliche Relevanz beigemessen wird. In der Pflegepraxis werden die Pflegenden in ihrer Fachexpertise mitunter „degradiert", indem sie von Pflegebedürftigen oder Angehörigen, aber auch anderen Berufsgruppen oftmals nur als „Hilfskräfte" angesehen werden.

> „Die ältere Generation von Patienten sieht die Pflegepersonen prinzipiell nur als Hilfskräfte, kommt mir teilweise vor. Als Hilfskraft der Ärzte, die ihnen nix zu sagen hat, die sie bedienen muss, die alles machen muss."

> „Manche Ärzte nehmen einen halt nicht wichtig, nehmen einen also nicht als diplomierte Gesundheits- und Krankenpflegeperson wahr, sondern eigentlich nur als Assistenz, die einem schnell irgendetwas bringen soll oder die helfen soll oder die zu hupfen hat, wenn sie es gerne möchten."

Auch vonseiten der eigenen Organisation wird den Pflegenden teilweise zu wenig Anerkennung, Wertschätzung und Verständnis für die Leistungserbringung in der Pflegepraxis entgegengebracht.

> „In unserer Organisation, da würde ich mir wünschen, dass gewisse Instanzen sich dessen bewusst sind, was wir leisten, dass das wertgeschätzt wird, dass man das Gefühl bekommt, dass man das, was man macht, gut macht und nicht noch viel zu wenig leistet. Das wird halt oft argumentiert, was man nicht noch alles machen sollte, obwohl der Tag ja bereits ausgefüllt ist mit Arbeit."

Pflegepersonen berichten zudem auch von fehlender Wertschätzung innerhalb der eigenen Berufsgruppe. Dies zeigt sich, indem Pflegende anderen Pflegenden gegenüber manchmal abwertend werden, wenn diese aus einem anderen Bereich kommen, eine andere Meinung vertreten, etwas anders durchführen oder Neuerungen einbringen wollen. Pflegepersonen fehlt es also insgesamt an ausreichender Anerkennung, Wertschätzung und Dankbarkeit vonseiten der Pflegebedürftigen, ihrer Angehörigen, der Gesellschaft, der Politik, den anderen Berufsgruppen sowie auch der eigenen Berufsgruppe.

7.3 Entlohnung (Handlungsfeld)

Die Entlohnung wird von Gesundheits- und Krankenpfleger*innen im Verhältnis zur Verantwortung und zum Arbeitsaufwand als unzureichend wahrgenommen. Sie erheben Anspruch auf eine spürbare Gehaltserhöhung im Sinne einer leistungsgerechten Entlohnung der Berufstätigkeit im Pflegebereich.

> „Dadurch, dass wir immer mehr Tätigkeiten übernehmen und daher einen höheren Workload haben, dies allerdings nie vergütet bekommen, glaube ich, dass diesbezüglich eine Neuerung des Entlohnungsschemas unabdingbar ist."

Pflegepersonen sind davon überzeugt, dass auch ein finanzieller Anreiz die Attraktivität des Pflegeberufes erhöht und sich auf einen langfristigen Berufsverbleib positiv auswirkt.

7.4 Exkurs: Wertschätzung und Bedürfnisse

Das Bedürfnis nach Wertschätzung und Anerkennung der pflegerischen Leistungen ist bei Gesundheits- und Krankenpfleger*innen besonders stark ausgeprägt und stellt ein zentrales Anliegen dieser Berufsgruppe dar. Konkret wünschen sich 46% der Pflegenden mehr Wertschätzung und Anerkennung in der Gesellschaft. Besonders

Abb. 10: **Wünsche von Gesundheits- und Krankenpfleger*innen zur Verbesserung ihrer Arbeitssituation (Gferer & Gferer, 2021)**

brisant scheint dies insofern, als das Erleben von zu wenig Wertschätzung und Anerkennung als zweithäufigster Grund für den Gedanken an einen Berufsausstieg angegeben wird. Insgesamt erleben 67% der Pflegepersonen in der Pflegepraxis einen unzureichend respektvollen Umgang (Gferer & Gferer, 2021).

Wünsche zur Verbesserung der Arbeitssituation

Pflegepersonen wünschen sich zur Verbesserung ihrer Arbeitssituation (Abb. 10) eine höhere finanzielle Entlohnung (92%), mehr Pflegepersonal (76%), eine bessere Work-Life-Balance (49%), mehr Wertschätzung und Anerkennung in der Gesellschaft (46%) sowie mehr Gesundheitsförderung (40%) (Gferer & Gferer, 2021).

7.5 Checkliste (Lösungsansätze)

In jeder Organisation gibt es unterschiedliche Handlungsfelder: In der einen Organisation sind bestimmte Maßnahmen bereits etabliert und haben sich gut bewährt, in der anderen Organisation besteht noch konkreter Handlungsbedarf. Reflektieren Sie als Stations-, Bereichs- oder Pflegedienstleitung die Rahmenbedingungen und Gegebenheiten auf Ihrer Station, in Ihrem Bereich oder Ihrer Organisation kritisch. Wo besteht noch Handlungsbedarf? Wo lässt sich eine Maßnahme noch optimieren?

Tab. 7: **Image – Lösungsansätze**

Lösungsansätze	↑↑	↑	✔
Förderung einer Organisationskultur der gegenseitigen **Wertschätzung und Anerkennung**:			
➨ Kultur der Wertschätzung des Pflegeberufes innerhalb der Organisation			
➨ Kultur der Wertschätzung von Pflegebedürftigen und Angehörigen gegenüber dem Pflegepersonal			
➨ Kultur der Wertschätzung innerhalb der unterschiedlichen Berufsgruppen			
➨ Kultur der Wertschätzung innerhalb der eigenen Berufsgruppe			
➨ Wertschätzung und Anerkennung durch die Führungskraft			
➨ Wertschätzung und Anerkennung durch die Organisation			
➨ Wertschätzung in Form einer leistungsgerechten Entlohnung			

↑↑ Nicht etabliert, es besteht Handlungsbedarf
↑ Etabliert, aber es besteht Optimierungsbedarf
✔ Etabliert und hat sich bereits gut bewährt

(Eigene Darstellung)

8 Zukunftsperspektiven
(Faktor für einen potentiellen Berufsausstieg)

8.1 Zukunftssorgen (Handlungsfeld)

Pflegepersonen haben hinsichtlich ihrer Zukunft Sorgen und Ängste, die sich auf die Belastungsfähigkeit im Pflegeberuf, die eigene Gesundheit und die Pensionierung beziehen. Sie sorgen sich, dass sie die physischen und psychischen Belastungen irgendwann nicht mehr „aushalten" und aufgrund dessen nicht mehr in der Lage sein werden, den Pflegeberuf weiterhin auszuüben. Zudem glauben sie nicht, dass sie den Beruf im stationären Bereich „am Bett" mit dem Schichtdienst und den physischen und psychischen Belastungen bis zur Pensionierung ausüben werden. Darüber hinaus löst die Begleitung schwerkranker Pflegebedürftiger bei einigen Pflegepersonen die Angst aus, selbst einmal schwer zu erkranken.

> „Es macht mir eigentlich Angst, weil ich bei uns einfach sehe: Wir haben viele Komplettübernahmen, viele Pflegebedürftige, viele Demente, wo ich mir denke: Um Gottes willen, bitte lass mich aus dem Fenster springen, bevor ich so werde ..."

Es besteht bei einigen also die Angst, ob man die Pension als gesunder Mensch in einem guten Gesundheitszustand genießen kann oder ob man aufgrund der vielfältigen physischen und psychischen Belastungen im Pflegeberuf irgendwann selbst zu einem „Pflegefall" wird.

8.2 Perspektivensuche (Handlungsfeld)

Gesundheits- und Krankenpfleger*innen suchen nach langfristigen Perspektiven oder Alternativen für ihre berufliche Zukunft. Sie streben entweder neue Wege innerhalb des Pflegeberufes an oder versuchen, sich durch nebenberufliche Aus- und Weiterbildungen ein zweites „Standbein" aufzubauen, um in Zukunft jederzeit die Möglichkeit zu haben, aus dem Pflegeberuf auszusteigen. Der langfristige Verbleib in der Basisversorgung direkt „am Bett" im normalstationären Bereich mit dem damit verbundenen Schichtdienst und den physischen und psychischen Belastungen wird als nicht attraktiv angesehen. Die Pflegenden möchten sich das Diplom zudem auch auf der akademischen Ebene anerkennen lassen und würden sich diesbezüglich mehr Möglichkeiten wünschen. Innerhalb des Pflegeberufes versuchen sie, sich auf bestimmte Themenbereiche wie das Wundmanagement zu spezialisieren, in Spezialbereiche zu wechseln oder sich in Richtung Pflegemanagement oder Pflegepädagogik weiterzuentwickeln. Auch alternative Wege und Möglichkeiten werden gesucht, um auf lange Sicht aus dem Pflegeberuf aussteigen zu können.

> „Ich habe mir schon Gedanken über meine Zukunft gemacht, weshalb ich mittlerweile eben auch ein Studium ergriffen habe, um mir für die Zukunft eine Möglichkeit zu schaffen, aus dem Setting austreten zu können – nicht weil ich den Pflegeberuf nicht schätze oder nicht gern mache, aber sollte irgendwann der Punkt kommen, wo ich mich überhaupt nicht mehr damit identifizieren kann, möchte ich einfach ein zweites Standbein haben ... dass ich eben die Tätigkeit als Pflegeperson ablegen kann."

Die Pflegenden können laut eigenen Aussagen nicht mit Sicherheit davon ausgehen, dass sie langfristig oder sogar bis zur Pensionierung im Pflegeberuf verbleiben. Daher absolvieren einige von ihnen nebenberufliche Aus- und Weiterbildungen, um sich dadurch für die Zukunft berufliche Alternativen zu schaffen.

8.3 Exkurs: Identifizierung und Berufsausstieg

Identifizierung mit dem Pflegeberuf

Die Ausübung ihres Berufes führt bei den Pflegenden mitunter immer wieder zu inneren Konflikten mit sich selbst und dem Pflegeberuf. Im Rahmen der Berufstätigkeit gibt es immer wieder Momente oder Tage, an denen sie daran denken, aufzuhören oder das „Handtuch zu werfen". Fehlt die grundsätzliche Identifizierung mit dem Pflegeberuf oder gibt es zunehmend Tage, an denen Pflegende sich nicht mit dem Pflegeberuf identifizieren können, kommt es zu einer „Zerrissenheit" und dem „inneren Konflikt", ob man den Pflegeberuf weiter ausüben oder verlassen soll.

Das Modell von Binder (2021) setzt sich mit der Schlüsselkategorie „Zerrissensein" als Pflegeperson auseinander und zeigt Ursachen, Kontext und intervenierende Bedingungen sowie Auswirkungen, aber auch die vielfältigen Strategien und Handlungswege auf (Abb. 11) (Binder, 2021).

Abb. 11: Schlüsselkategorie „Zerrissensein“ (adaptiert nach Binder, 2021)

Dieses Modell verdeutlicht das Phänomen des „Zerrissenseins“ sowohl bei im Beruf stehenden als auch bei in Ausbildung befindlichen Pflegepersonen und zeigt auf, dass bei ihnen mitunter ein Rollenkonflikt vorliegt. Pflegende nehmen mehrere Rollen gleichzeitig ein; sie finden sich in den Rollen „Pflegeperson sein“, „Arbeitskraft sein“ und „Mensch sein“ wieder und befinden sich daher in einem Spannungsfeld zwischen dem eigenen Rollenverständnis und den Rollenerwartungen von anderen. Zudem sind die Pflegenden im Rahmen ihrer Berufsausübung immer wieder mit einem Mangel an erwarteten Fach-, Sozial- und Selbstkompetenzen konfrontiert. Aufgrund ihrer professionellen Identität und der beruflichen Sozialisierung sind sie es gewohnt, die „Fürsorge“ stets in den Vordergrund zu stellen und die „Selbstsorge“ in den Hintergrund zu rücken (Binder, 2021).

Dieser Rollenkonflikt, das Erleben des „Zerrissenseins“ und des „inneren Konflikts“ stellen für Gesundheits- und Krankenpflegende ein Spannungsfeld dar, welches sich dahingehend auswirken kann, dass es im Laufe des Berufslebens zu immer wiederkehrenden Entscheidungsfragen und -prozessen kommt, die letztendlich entweder einen weiteren Verbleib oder Ausstieg aus dem Beruf zur Folge haben können (Abb. 12) (Gferer, 2020; Binder, 2021).

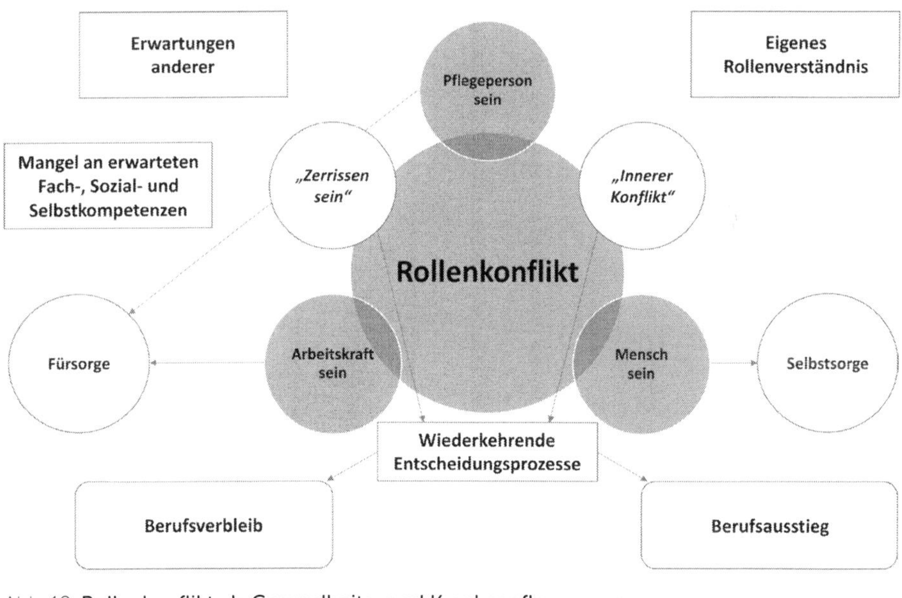

Abb. 12: Rollenkonflikt als Gesundheits- und Krankenpflegeperson (adaptiert nach Gferer, 2020; Binder, 2021)

Gedanke an einen Berufsausstieg

In der GuK-C19-Studie zeigt sich, dass bei den Pflegenden grundsätzlich eine starke Identifizierung mit dem Pflegeberuf besteht und der Ausstiegsgedanke nicht mit dem Berufsbild und den damit verbundenen Tätigkeiten an sich einhergeht, sondern von den schlechten beruflichen Rahmenbedingungen geprägt ist. Die Identifizierung mit dem Pflegeberuf allein wird daher nicht ausreichend sein, um das bestehende und das nachkommende Personal zu halten (Gferer & Gferer, 2021).

In ihrer bisherigen beruflichen Laufbahn haben bereits 64% der Gesundheits- und Krankenpfleger*innen (Abb. 13) zumindest einmal oder sogar öfter an einen Ausstieg aus dem Pflegeberuf gedacht. Mit 45% denkt sogar nahezu jede zweite Pflegeperson immer wieder an einen Berufsausstieg (Gferer & Gferer, 2021).

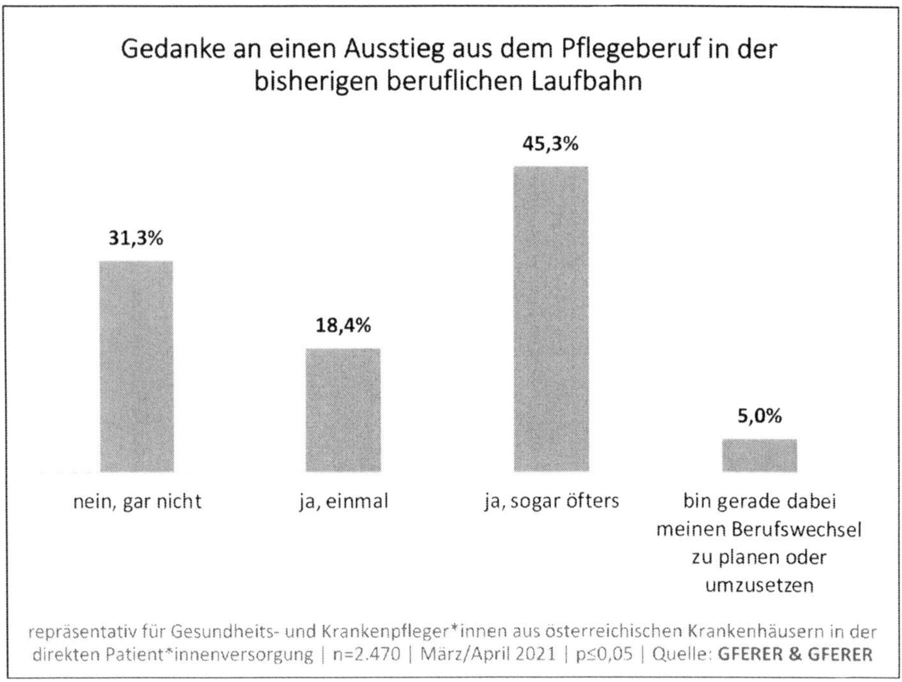

Abb. 13: **Gedanke an einen Ausstieg aus dem Pflegeberuf in der bisherigen beruflichen Laufbahn (Gferer & Gferer, 2021)**

Der Gedanke an einen Berufsausstieg (Abb. 14) wird von folgenden fünf Faktoren bedingt: zu wenig finanzielle Entlohnung (56%), zu wenig Wertschätzung und Anerkennung (47%), Personalmangel (44%), zu hohe Arbeitsbelastung (41%) und zu hohe psychische Belastung (36%) (Gferer & Gferer, 2021).

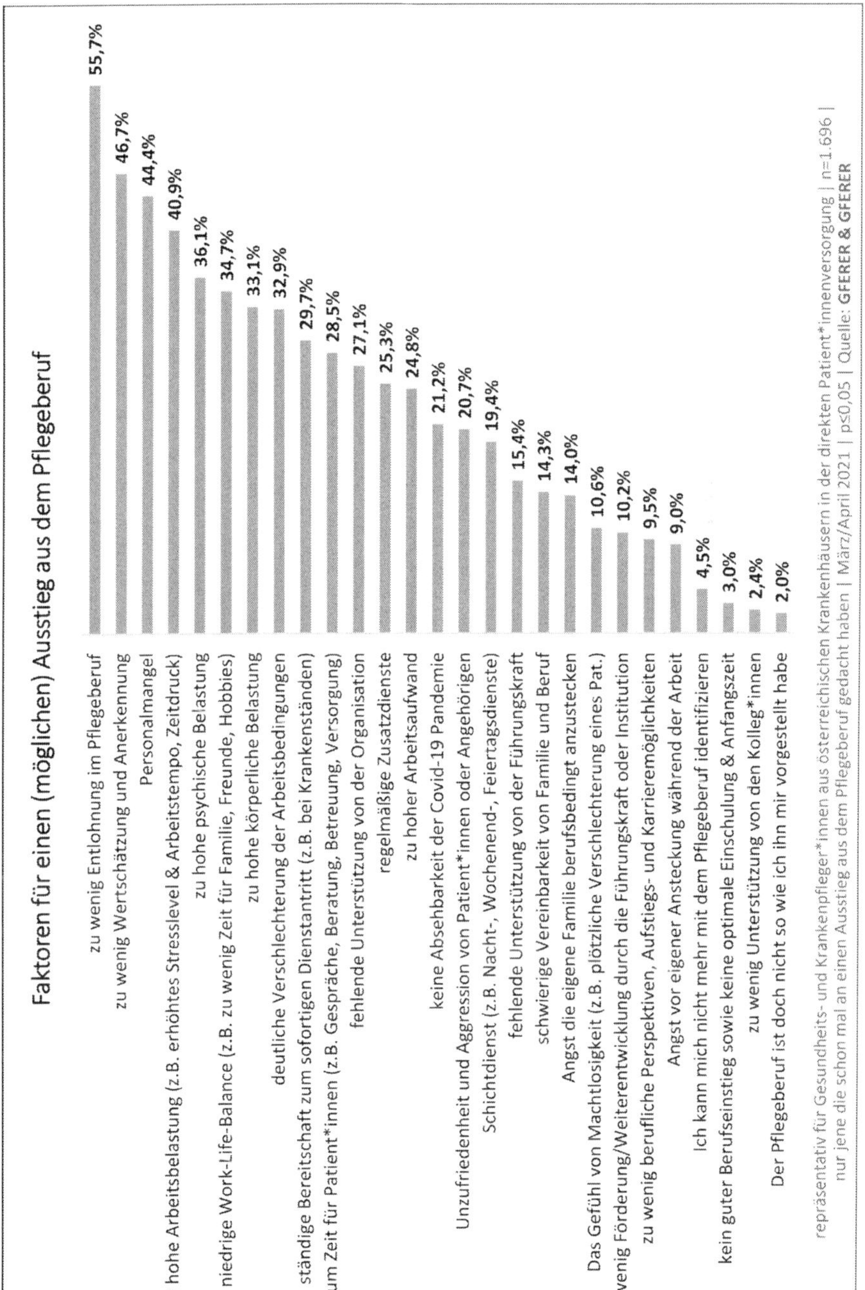

Abb. 14: Faktoren für einen (möglichen) Ausstieg aus dem Pflegeberuf (Gferer & Gferer, 2021)

9 Ausstiegsmodell

Das Ausstiegsmodell beschreibt einen phasenhaften Verlauf des gesamten Berufslebens in der Pflege im Hinblick auf einen jederzeit möglichen Berufsausstieg. Es setzt sich aus den sechs Phasen Berufseinstieg, Anfangszeit, erstes Berufsjahr, Berufsleben, berufliche Zukunft und Berufsausstieg zusammen (Abb. 15, S. 93).

1. In der **Phase des Berufseinstieges** sind die Pflegenden „überglücklich", die Ausbildung erfolgreich absolviert zu haben, und erleben große Vorfreude auf den Berufseinstieg. Diese Phase ist geprägt von Gefühlen der „Euphorie". Hier ist es besonders wichtig, dass die Pflegenden einen positiven Berufseinstieg erleben. Gestaltet sich der Berufseinstieg schwierig und überfordernd und ist mit negativen Erlebnissen in der Berufspraxis sowie mit einer unzureichenden Unterstützung durch den*die Mentor*in, die Führungskraft und das Team verbunden, kann dies einen frühzeitigen Berufsausstieg zur Folge haben.
2. Die **Phase der Anfangszeit** ist für die Pflegenden geprägt von „überwältigenden" Eindrücken, Herausforderungen und Belastungen und bringt Gefühle von Unzulänglichkeit und Unsicherheit sowie einen spürbaren Druck mit sich. Die Pflegenden sind mit einer schwierigen „Zurechtfindungsphase" konfrontiert, in der es von besonderer Bedeutung ist, ihnen eine intensive Unterstützung durch den*die Mentor*in, die Führungskraft und das Team zukommen zu lassen. Erhalten sie in der Anfangszeit zu wenig Unterstützung bei hoher Überforderung, kann dies zu einem vorzeitigen Berufsausstieg führen.
3. Erhalten Pflegepersonen in ihrem **ersten Berufsjahr** keine ausreichende Einschulung, fehlt es insgesamt an personellen, zeitlichen und strukturellen Ressourcen dafür und entsteht dadurch der Eindruck, „ins kalte Wasser" geworfen worden zu sein, kann diese Überforderung und dieses starke Stresserleben einen Berufsausstieg zur Folge haben, da das erste Berufsjahr dadurch als „Hölle" erlebt wurde. Pflegende benötigen im ersten Berufsjahr eine intensive Unterstützung, Betreuung und Begleitung von den Mentor*innen, der Führungskraft und dem gesamten Team.
4. In der **Phase des Berufslebens** sind Pflegende mit vielfältigen Belastungen wie Stress, psychischen und physischen Belastungen, Unzufriedenheit und Aggression oder fehlender sozialer Unterstützung konfrontiert. Im Berufsleben stellt die Dienst- und Freizeitgestaltung zudem immerzu einen Balanceakt dar, wenn es um die Vereinbarkeit von Familie bzw. Privatleben und Beruf sowie die Aufrechterhaltung einer Work-Life-Balance geht angesichts der ständigen Erreichbarkeit und Bereitschaft zur kurzfristigen Übernahme von Zusatzdiensten. Bestehen zudem schwierige strukturelle Rahmenbedingungen wie Personalmangel oder

immerwährender Zeitdruck, kann dies eine erhebliche Verschlechterung der Arbeitsbedingungen darstellen und wiederum zu einer geringeren Arbeitszufriedenheit führen. Eine Berufstätigkeit unter solch schwierigen Rahmenbedingungen kann bei Pflegepersonen immer wiederkehrende Entscheidungsprozesse hinsichtlich des Berufsverbleibs oder Berufsausstiegs verursachen. In solchen Situationen sind Gesundheits- und Krankenpflegende insbesondere damit konfrontiert, „nicht das leisten zu können, was man will" und es entsteht ein „innerer Konflikt", eine „innere Zerrissenheit". Pflegende benötigen in ihrem gesamten Berufsleben – und besonders in den ersten drei Phasen – eine umfassende fachliche, soziale und emotionale Unterstützung durch den*die Mentor*in, die Führungskraft und das gesamte Team. Für die Bewältigung der Anforderungen des Pflegeberufes sind eine starke Resilienz sowie regelmäßige Erfolgserlebnisse in der Pflegepraxis notwendig. Zudem müssen sich die Pflegenden besonders in Situationen wiederkehrender Entscheidungsprozesse einer intensiven Selbstreflexion unterziehen und sich mit ihrer weiteren beruflichen Zukunft – Ausstieg oder Verbleib im Beruf – auseinandersetzen. Erhalten sie zu wenig Unterstützung bei hoher Belastung, kann dies jederzeit zum Berufsausstieg führen.

5. In der **Phase der beruflichen Zukunft** treten bei den Pflegenden Zukunftssorgen auf. Einerseits beziehen sich diese darauf, ob die vielfältigen Belastungen im Pflegeberuf irgendwann nicht mehr „auszuhalten" sind, andererseits besteht zudem die Angst, sich „kaputtzuarbeiten" und selbst irgendwann zu einem Pflegefall zu werden. In dieser Phase kommt es auch zu einer Perspektivensuche – die Pflegenden versuchen, sich entweder innerhalb der Pflege neu zu orientieren oder Wege zu gehen, die aus dem Pflegeberuf hinausführen. Häufig streben sie danach, sich nebenberuflich ein „zweites Standbein" aufzubauen, falls sie im Rahmen des Berufslebens einmal zu der Entscheidung gelangen, dem Pflegeberuf nicht mehr nachgehen zu können. Dies zeigt die Wichtigkeit einer physischen und psychischen Gesundheits- und Resilienzförderung während des gesamten Berufslebens, bereits beginnend mit dem Berufseinstieg. Sehen sich Pflegende in ihrer beruflichen Zukunft nicht mehr im Pflegeberuf und hat sich der Aufbau eines „zweiten Standbeins" erfolgreich gestaltet, besteht jederzeit das Risiko eines Berufsausstieges.
6. In der **Phase des Berufsausstieges** wurde von der Pflegeperson nach einem langwierigen und schwierigen Entscheidungsprozess, der mit einem „inneren Konflikt" und einer „inneren Zerrissenheit" einherging, die endgültige Entscheidung für einen Berufsausstieg getroffen. Diese Phase ist geprägt von „Schuldgefühlen", es nicht geschafft zu haben, den vielfältigen Belastungen und Herausforderungen im Pflegeberuf standzuhalten. In dieser Phase ist es wichtig, den abschiednehmenden Pflegepersonen angemessene Anerkennung und Wertschätzung für die erbrachten Leistungen entgegenzubringen.

Das Ausstiegsmodell beruht auf Forschungserkenntnissen, welche im Rahmen der qualitativen Forschung der Autorin (Gferer, 2020) generiert werden konnten. Dieses Ausstiegsmodell zeigt auf, dass es während des gesamten Berufslebens zu einem Berufsausstieg kommen kann. Es zielt darauf ab, bei den Führungskräften ein Bewusstsein und eine gewisse Sensibilität für das immerwährende Risiko eines Berufsausstieges zu schaffen und möchte sichtbar machen, dass eine intensive Unterstützung durch den*die Mentor*in, die Führungskraft und das gesamte Team in schwierigen Situationen und Phasen einen positiven Einfluss auf den Berufsverbleib hat, während eine fehlende oder unzureichende Unterstützung das Risiko für einen Berufsausstieg birgt.

Das Ausstiegsmodell richtet den Blick auf die unterschiedlichen Phasen eines potentiellen Berufsausstieges. Es erhebt keinen Anspruch auf umfassende Vollständigkeit, da auch andere, in diesen Forschungsergebnissen nicht identifizierte Faktoren einen potentiellen Berufsausstieg ebenfalls begünstigen können, und es soll damit auch nicht ausgesagt werden, dass es sich hierbei um einen festgelegten, starren oder unveränderbaren Verlauf handelt, den alle Gesundheits- und Krankenpflegenden in ihrem Berufsleben durchlaufen. Es handelt sich hier um einen dynamischen Prozess, dessen Ergebnis immer offenbleibt und immer von der individuellen Arbeits- und Lebenssituation, von allen beteiligten Personen, den Ausstiegs- und den Bleibefaktoren (Ausstiegsfaktoren- bzw. Bleibefaktorenmodell) sowie den persönlichen Faktoren abhängt.

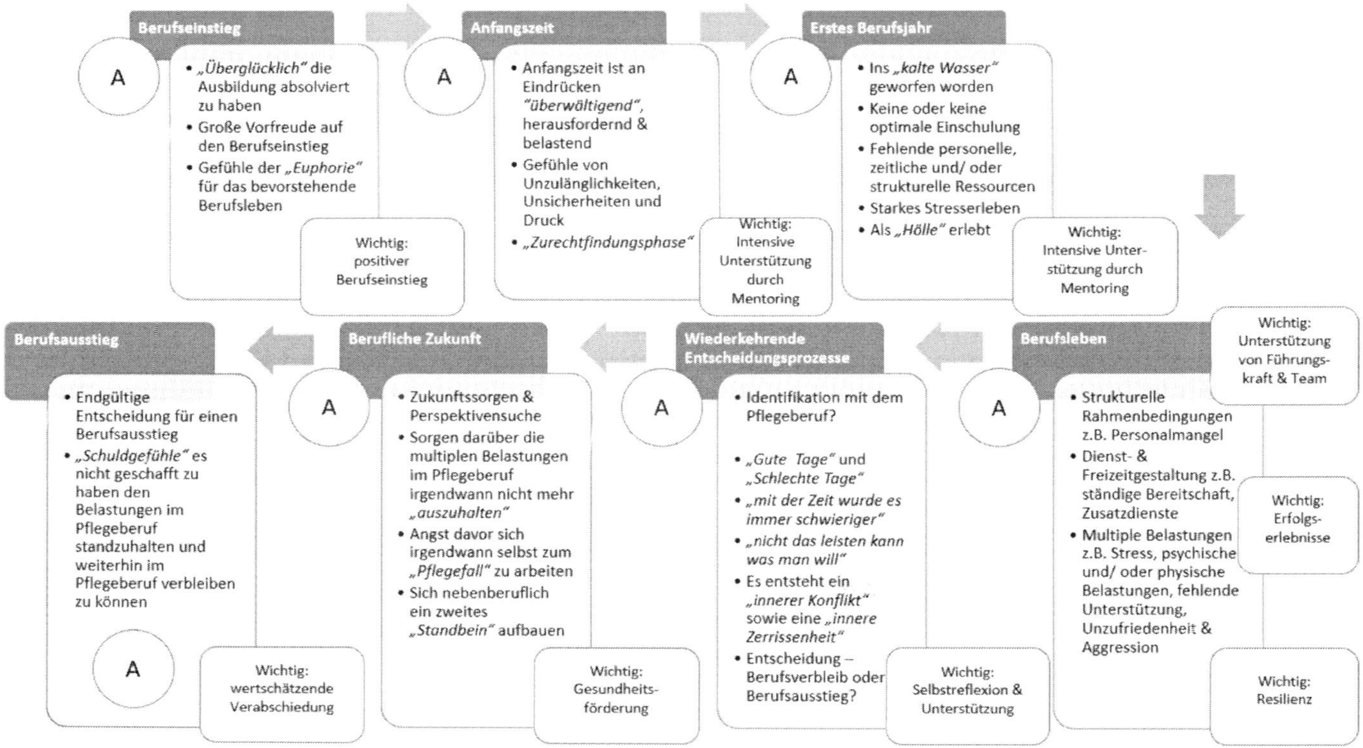

Abb. 15: Ausstiegsmodell (adaptiert nach Gferer, 2020)

10 Faktoren für einen Berufsverbleib

In Zeiten des bestehenden und weiterhin zunehmenden Personalmangels sowie der großen Herausforderung, ausreichend Personal für die Gesundheitsorganisationen zu gewinnen, muss es oberste Priorität sein, die vorhandenen und die nachkommenden Gesundheits- und Krankenpfleger*innen mit gezielten Maßnahmen zur **Personalbindung** nachhaltig an die eigene Organisation zu binden und dadurch einen langfristigen Verbleib im Pflegeberuf sicherzustellen. Um dies zu erzielen, bedarf es eines tiefgehenden Wissens über die zentralen **Faktoren, die einen Berufsverbleib stärken**.

Die Faktoren für einen Berufsverbleib (Abb. 16) beruhen auf Forschungserkenntnissen, welche im Rahmen der qualitativen Forschung der Autorin (Gferer, 2020) generiert werden konnten. Die Darstellung dieser Forschungsergebnisse wurde für das **Bleibefaktorenmodell** adaptiert:

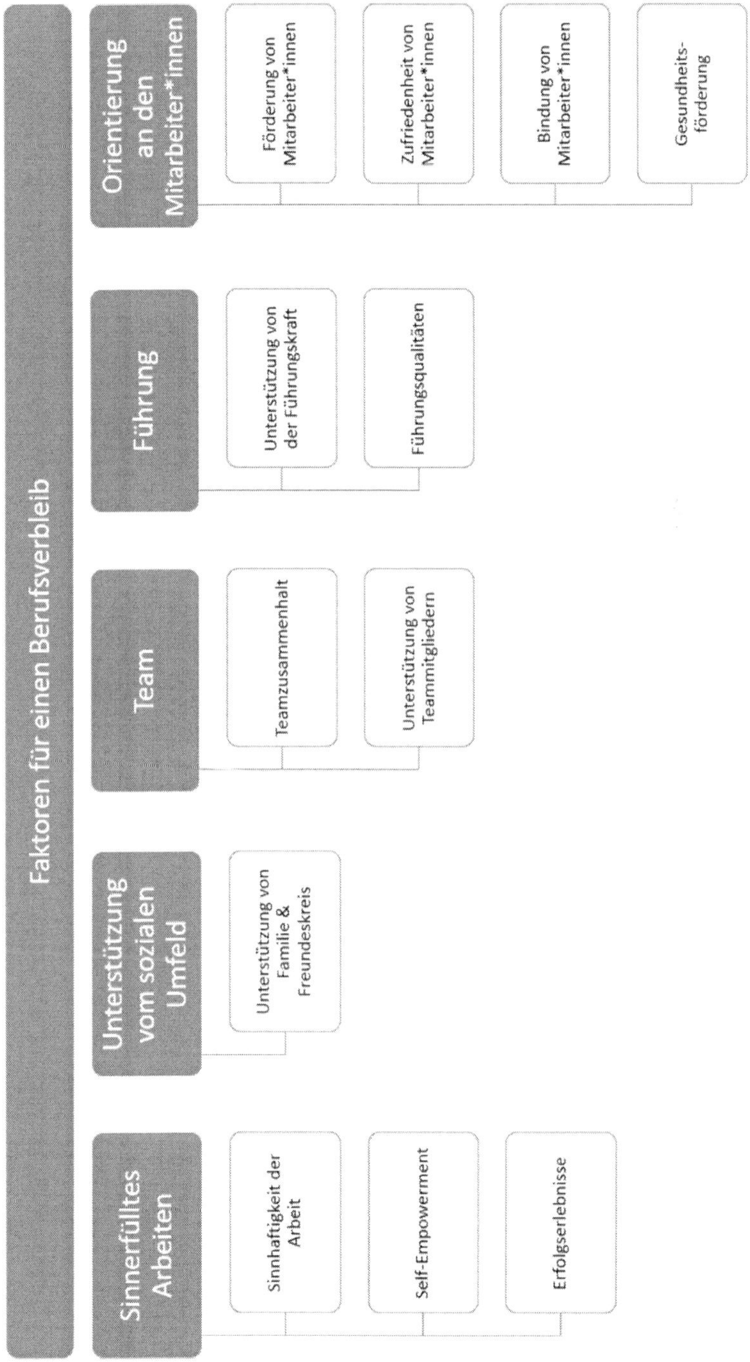

Abb. 16: Faktoren für einen Berufsverbleib (adaptiert nach Gferer & Radinger, 2021)

11 Sinnerfülltes Arbeiten

(Faktor für einen Berufsverbleib)

11.1 Sinnhaftigkeit der Arbeit (Potentialfeld)

Für Gesundheits- und Krankenpfleger*innen bildet sinnerfülltes Arbeiten (Abb. 17, S. 97), d. h. das Erleben der Sinnhaftigkeit des eigenen Tuns im beruflichen Kontext, die Grundlage für die Berufsausübung im Pflegebereich. Das Arbeiten mit Pflegebedürftigen bereitet den Pflegenden viel Freude und wird als sinnerfüllend und zufriedenstellend erlebt. Ihnen gefällt die Arbeit mit den Menschen und das Miteinander von Pflegenden und Gepflegten im Rahmen einer professionellen Pflegebeziehung. Es wird von ihnen als sinnerfüllend erlebt, wenn sie den Pflegebedürftigen durch gezielte pflegerische Handlungen oder durch „Da-Sein" und Zuhören helfen und damit deren Situation oder Wohlbefinden verbessern können. Pflegepersonen sind bemüht, ihren Schützlingen während des gesamten Krankenhausaufenthaltes eine gute Betreuung zu bieten, und es gefällt ihnen, die Pflegebedürftigen zu informieren, sie zu beraten und ihnen individuelle Lösungsvorschläge anzubieten, die sie nach der Entlassung auch zu Hause im Alltag anwenden können. Vor allem im palliativen Setting ist es den Pflegenden ein besonderes Anliegen, den Pflegebedürftigen, aber auch den Angehörigen eine gute Betreuung zu ermöglichen und ihnen zu helfen, „mit dem Leben gut abzuschließen". Palliative Begleitung wird von Pflegepersonen als sinnerfüllte Arbeit wahrgenommen.

> „Für mich war es immer die Priorität, den Menschen zu helfen und ihnen etwas Gutes zu tun, gerade bei uns auf der Onkologie eben die Menschen noch zu begleiten, ihnen noch schöne Tage vor dem Tod zu gewähren. Mir ist es schon wichtig, dass man ihnen eben noch in den Belangen, in denen man ihnen irgendwie noch helfen kann, schon ermöglicht, dass sie eine schöne Zeit haben mit der Familie, dass man die einbindet, dass man auch die Angehörigen unterstützt bei dem Prozess, beim Sterbeprozess, und eben – dass einfach jemand bei ihnen ist und da ist ... dass es eben nicht der Aspekt ist, einen kranken Menschen gesundzupflegen, was ja oft der Zugang ist, weshalb man den Beruf der Pflege wählt, sondern dass einfach der Zugang ein anderer ist, man dem Menschen zwar hilft, aber eigentlich hilft, mit dem Leben gut abschließen zu können."

In der pflegerischen Betreuung geht es grundsätzlich immer um Menschenleben, und ganz besonders in Akut- und Notfallsituationen geht es darum, das Leben der Pflegebedürftigen zu retten. Auch dieser Aspekt stärkt bei Pflegepersonen das Bewusstsein für die Sinnhaftigkeit der eigenen Arbeit im Pflegebereich. Der Pflegeberuf wird von ihnen insgesamt als sehr interessant und vielseitig erlebt, als Beruf, in dem

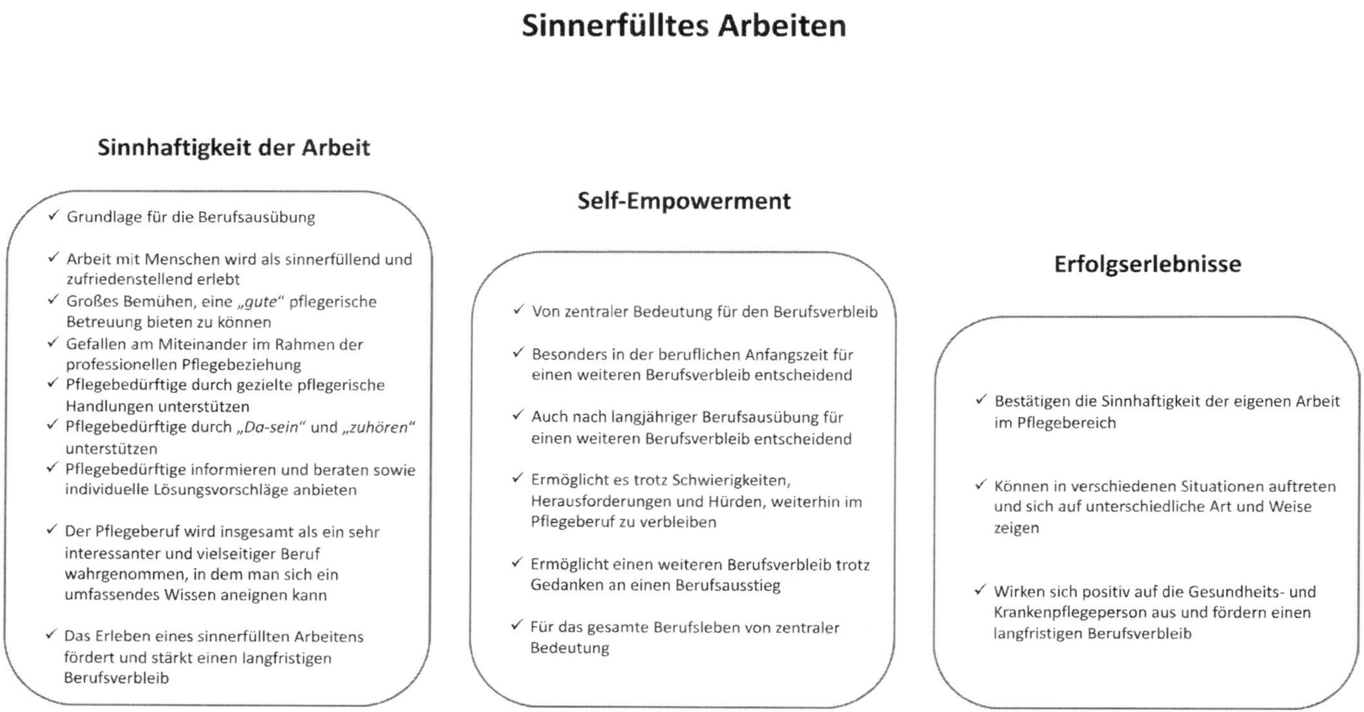

Abb. 17: Elemente des sinnerfüllten Arbeitens (adaptiert nach Gferer, 2020)

man sich umfassendes pflegerisches und medizinisches Wissen aneignen kann, wobei dieses Wissen auch außerhalb des Berufes als wertvoll und wichtig angesehen wird. Die Berufsausübung in der gehobenen Gesundheits- und Krankenpflege erfordert das Erleben einer gewissen Sinnhaftigkeit – das bedeutet, die Arbeit muss für die Pflegenden Sinnhaftigkeit besitzen, damit sie den Pflegeberuf ausüben können. Dieses Erleben eines sinnerfüllten Arbeitens fördert und stärkt den langfristigen Berufsverbleib des Pflegepersonals. Geht das Erleben dieser Sinnhaftigkeit mit den Jahren im Pflegeberuf verloren oder wird es zu stark beeinflusst von den Faktoren, die einen Berufsausstieg begünstigen (z.B. strukturelle Rahmenbedingungen wie etwa Zeit- oder Personalmangel), oder wird es von den vielfältigen Belastungen im Pflegeberuf überlagert, kann dies zu einem Berufsausstieg führen.

11.2 Self-Empowerment (Potentialfeld)

Im Rahmen der Berufsausübung kann es für die Pflegenden immer wieder zu Situationen kommen, in denen die Fähigkeit des „Self-Empowerments" von zentraler Bedeutung für den weiteren Berufsverbleib ist. Besonders in der beruflichen Anfangszeit kann die Fähigkeit des „Self-Empowerments" entscheidend dafür sein, ob Pflegende trotz Schwierigkeiten, Herausforderungen und Hürden die Entschlossenheit besitzen, nicht aus dem Beruf auszusteigen, sondern sich „durchzukämpfen" und zu bleiben.

> „Dann hab ich mir aber im Endeffekt eher gedacht: Ich gebe jetzt nicht auf! Ich beiß mich durch, ich werde mich beweisen, weil ich kann das und ich lass mich nicht unterkriegen!"

Auch nach der beruflichen Anfangszeit und langjähriger Berufsausübung kommt es bei Pflegepersonen immer wieder zu Situationen und Momenten, in denen sie über einen Berufsausstieg nachdenken und die Fähigkeit des „Self-Empowerments" den weiteren Berufsverbleib ermöglicht. Zusätzlich zum „Self-Empowerment" können auch persönliche Rückmeldungen von Pflegebedürftigen und Angehörigen, von Teammitgliedern, der Führungskraft, den Eltern, den Lebenspartner*innen und dem Freundeskreis einen positiven Beitrag leisten und durch diese Form der Anerkennung und Wertschätzung den weiteren Berufsverbleib unterstützen.

11.3 Erfolgserlebnisse (Potentialfeld)

Erfolgserlebnisse sind für Pflegende wichtig und bestätigen sie in der Sinnhaftigkeit ihrer Arbeit im Pflegebereich.

„Wir hatten den Fall, dass eine Patientin eine kleine Hautirritation am Rücken hatte, und ich habe zu ihr gesagt, lassen Sie sich das bitte zu Hause nachkontrollieren ... und, ja, die Patientin ist dann Monate später zurückgekommen in dieses Spital und wollte mich umarmen, weil sich da herausgestellt hat, dass diese Hautirritation Hautkrebs war. Die Frau war einfach überglücklich, und das ist so ein Moment, wo ich sage, dafür lohnt es sich, Pflegeperson zu werden, das ist wirklich toll!"

„Ich bin zufällig draufgekommen, eine Patientin ist schwanger, die hätte ein Zytostatikum bekommen sollen. Sie hat eine zehnprozentige Wahrscheinlichkeit gehabt, schwanger zu werden, und mit dem hätte es sein können, dass sie das Kind verliert, und jedes Mal, wenn sie wiederkommt, sagt sie „Schau [Name des Kindes], wegen ihr gibt es dich" ... das sind halt Situationen, wo ich mir denke, dass ist der Grund, warum ich das gerne mache. Menschen sind glücklich und freuen sich, wenn man ihnen hilft."

„Wenn man mit viel Aufwand etwas korrekt einhält wie etwa ein Wundmanagementschema oder eine medikamentöse Therapie und es zeigt dann wirklich Erfolg – also, es greift dann wirklich –, das ist super, also, das ist wirklich cool!"

Erfolgserlebnisse in der Pflegepraxis können sich auf unterschiedliche Art und Weise zeigen, wirken sich positiv auf die Pflegenden aus und bestärken sie in ihrer Berufsausübung.

12 Unterstützung vom sozialen Umfeld

(Faktor für einen Berufsverbleib)

12.1 Unterstützung von Familie und Freundeskreis (Potentialfeld)

Pflegepersonen sind im Rahmen ihrer Berufstätigkeit auch mit Situationen konfrontiert, die so belastend und herausfordernd sind, dass sie im Nachhinein aufgearbeitet werden müssen. In solchen Fällen besteht bei ihnen das Bedürfnis, mit den Eltern, den Lebenspartner*innen oder dem Freundeskreis darüber zu sprechen, um das Erlebte verarbeiten zu können.

> „Das sind Situationen, die ich dann halt mit meinem Lebenspartner bespreche. Der versucht mir dann quasi das Gefühl zu geben: Du hast eh alles gemacht, was du machen kannst. Der versucht also, mich aufzubauen."

„Entlastungsgespräche" mit Eltern, Lebenspartner*innen oder Freund*innen werden von den Pflegenden als Entlastung empfunden und als hilfreich für die Verarbeitung belastender Situationen im Rahmen des Pflegeberufes erlebt. Die Unterstützung durch das soziale Umfeld wirkt sich positiv auf einen langfristigen Berufsverbleib aus.

13 Team (Faktor für einen Berufsverbleib)

13.1 Teamzusammenhalt (Potentialfeld)

Gute Zusammenarbeit sowie ein starker Zusammenhalt im Team stellen wichtige Faktoren im Pflegeberuf dar. Die Pflegenden wünschen sich, dass im eigenen Team ein starker Zusammenhalt besteht, man von den anderen Teammitgliedern offenes und ehrliches Feedback bekommt, dass eine positive Fehlerkultur gelebt wird, eine gute Zusammenarbeit gegeben ist und man sich als Team gegenseitig hilft und unterstützt.

> „Ich weiß, dass ich ein Team hab, auf das ich mich stützen kann, weil wir als Team sehr gut zusammenarbeiten."

> „... dass ich sehr gute Arbeitskollegen hab, also – die helfen auch ungemein für ein gutes Arbeitsklima. Wenn das Team stimmt, dann hat man eigentlich meistens eine gute Zeit auf der Station. Wenn du in einem guten Team landest, macht es echt Spaß!"

Wenn einzelne Teammitglieder sich nicht miteinander verstehen, vertreten Pflegepersonen in der Regel trotzdem den Standpunkt, dass es möglich sein muss, beruflich zusammenzuarbeiten und sich gegenseitig zu helfen, dass also insgesamt der Fokus aller Teammitglieder auf einer guten Zusammenarbeit liegt. Vor allem bei Personalmangel besteht der Wunsch, in solch einer schwierigen Situation als Team umso stärker zusammenzuhalten und sich gegenseitig zu unterstützen.

> „... vom Team selbst ein gutes Miteinander. Nicht, dass man sich irgendwie bekämpft oder ein Konkurrenzkampf aus dem Ganzen wird, sondern dass man, wenn es Probleme gibt, gemeinsam versucht, eine Lösung zu finden – gerade jetzt in solchen Zeiten, wenn ein Personalmangel herrscht. Dass man dann zusammenhält und nicht irgendwie zum Einzelkämpfer wird."

Unter Teamzusammenhalt verstehen die Pflegepersonen z.B., dass in Situationen, in denen insgesamt ein hoher Arbeitsaufwand anfällt, die Pflegebedürftigen trotz Gruppeneinteilung von allen zusammen betreut und versorgt werden, um den hohen Arbeitsaufwand gemeinsam zu bewältigen. Der Teamzusammenhalt wird auch dadurch gestärkt, dass die Pflegepersonen bei der Dienstplanung aufeinander Rücksicht nehmen und, wenn ein Teammitglied trotz Diensteinteilung doch einen dienstfreien Tag braucht, Dienste bereitwillig tauschen, wenn es ihnen selbst möglich ist. Vor allem junge Gesundheits- und Krankenpfleger*innen sind oft bereit, von den älteren Teammitgliedern Nachtdienste zu übernehmen, wenn jene die Nachtdienste kaum noch bewältigen können.

Teamzusammenhalt bedeutet zudem, über herausfordernde und belastende Situationen auch im Team reden zu können und sich bei der Aufarbeitung und Bewältigung gegenseitig zu unterstützen. Es gibt das Bestreben nach gegenseitiger Akzeptanz im Team, auch wenn die Teammitglieder unterschiedliche Meinungen, Einstellungen und Belastungsgrenzen haben. Ein starker Teamzusammenhalt stellt für das Pflegepersonal einen zentralen Faktor dar und unterstützt den Berufsverbleib.

13.2 Unterstützung von Teammitgliedern (Potentialfeld)

Die eigenen Teammitglieder sind für die Pflegenden nicht nur eine wesentliche Stütze im Pflegeberuf, sondern sie stellen auch konkret eine wichtige Unterstützung zur Bewältigung der vielfältigen Pflegetätigkeiten dar. Vor allem in der beruflichen Anfangszeit ist die Unterstützung durch die eigenen Teammitglieder für Berufseinsteiger*innen von zentraler Bedeutung und eine große Hilfestellung. In der Anfangszeit gemeinsam mit erfahrenen Teammitgliedern Dienste zu haben, vermittelt Berufseinsteiger*innen eine gewisse Sicherheit und vermindert dadurch die eigene anfängliche Unsicherheit.

> „Erfahrene Kolleginnen können einem schon viel Sicherheit vermitteln und einem das Gefühl geben: Ok, egal was passiert, ich bin bei dir, ich führ dich da durch."

Pflegepersonen empfinden es zudem als Unterstützung, dass – wenn sie aufgrund eines Personalausfalls alleine im Dienst stehen – andere Teammitglieder sich bereiterklären, zur Unterstützung zusätzlich in den Dienst zu kommen, oder dass Pflegende von anderen Stationen oder Bereichen sich bereiterklären, auszuhelfen. Auch der gemeinsame Austausch über bestimmte Vorkommnisse oder belastende Situationen wird als Unterstützung empfunden. Dies wird als besonders wichtig für die eigene Psychohygiene beschrieben und dient dazu, diese Situationen zu verarbeiten. So bleiben Pflegende nach Dienstende meistens noch auf der Station, um mit den anderen Teammitgliedern über den Dienst zu sprechen.

> „Der Austausch mit meinen Kollegen war mir sehr wichtig. Dass ich die Situationen bespreche ..."

Unterstützung durch die Teammitglieder stellt für Pflegepersonen einen zentralen Faktor dar und fördert den Berufsverbleib.

13.3 Teambildung und Teamidentität

Ein Team ist ein Zusammenschluss von mehreren Personen, die für die Lösung einer bestimmten Aufgabe oder zur Erreichung eines bestimmten Zieles zusammenarbeiten. In einem Team bringen alle ihre individuellen Fähigkeiten ein und es ist eine klare **Aufgaben- und Rollenzuweisung** vorhanden. Darüber hinaus besteht immer Abhängigkeit voneinander, sodass Zielsetzungen nur durch Zusammenarbeit erreicht werden können. Innerhalb eines Teams finden kontinuierliche Kommunikationsprozesse statt, und das Team besitzt eine **Teamidentität**.

Ein Team setzt sich aus verschiedenen Persönlichkeiten mit unterschiedlichen, individuellen Fähigkeiten, Kompetenzen, Potentialen und Fachexpertisen zusammen. Daher braucht es das Engagement jedes einzelnen Teammitgliedes, um eine **positive Grundeinstellung**, einen **konstruktiven Umgang** miteinander sowie **Kooperationsbereitschaft**, **Konsensfähigkeit**, **Kommunikationsfähigkeit**, **Kritikfähigkeit** und **Wertschätzung** gegenüber den anderen Teammitgliedern zu leben. Jeder und jede Einzelne trägt dazu bei, die Zusammenarbeit im Team erfolgreich zu gestalten, sodass ein starker Zusammenhalt gegeben ist (Möller, 2016).

Pflegepersonen geben zu 89% an, sich auf die Unterstützung der Teammitglieder verlassen zu können und insgesamt einen guten **Teamzusammenhalt** zu erleben. Ein starker Zusammenhalt innerhalb des Teams stellt eine zentrale Ressource für die Bewältigung der Herausforderungen in der Pflegepraxis dar (Gferer & Gferer, 2021).

Nachfolgend werden die fünf Phasen der **Teambildung nach Tuckman** (1965; zit. nach Möller, 2016) beschrieben – und was Sie als Führungskraft in den einzelnen Phasen zu beachten haben (Abb. 18, S. 107):

1. Forming – Orientierungsphase

In dieser Phase findet der erste Meinungsaustausch statt. Jedes Teammitglied versucht den eigenen Platz innerhalb des Teams zu finden. Diese Phase ist von **Unsicherheit** und Höflichkeit geprägt; die Teammitglieder tendieren dazu, sich gezielt an der Führungskraft, an den bereits bestehenden Normen sowie an gewohnten Rollen und Verhaltensweisen zu orientieren.

Anforderungen an die Führungskraft

In dieser Phase benötigen die Teammitglieder von der Führungskraft vor allem **Struktur und Sicherheit** sowie **Anleitung und Führung**. Die Führungskraft muss klare und eindeutige Strukturen bzw. einen konkreten Rahmen vorgeben. Um die Teammitglieder von Unsicherheiten zu befreien, bedarf es der **Unterstützung, Ermutigung und Information**. In dieser Phase ist es für die Führungskraft von besonderer Bedeutung, den einzelnen Teammitgliedern ausreichend Aufmerksamkeit zu schenken, ihnen in vertrauensvoller Grundhaltung zu begegnen sowie ihre Persönlichkeit und Individualität bewusst wahrzunehmen (Möller, 2016).

2. Storming – Konfliktphase

In dieser Phase kommt es unter einzelnen Teammitgliedern zu **Auseinandersetzungen und Konflikten** um die eigene Macht, die eigene Position, den eigenen Status und den eigenen Einfluss sowie um die Anerkennung innerhalb des Teams. Konflikte können sowohl zwischen den einzelnen Teammitgliedern als auch zwischen einem Teammitglied und der Führungskraft entstehen. In dieser Phase kommt es zur Bildung von Untergruppen, einzelne Teammitglieder widersetzen sich den bestehenden Normen oder lehnen die Führungskraft ab. Es kann vonseiten Einzelner auch zu Widerständen gegen das Gruppenziel oder die gestellten Aufgaben kommen (Möller, 2016).

Konflikte, Streitigkeiten und **Feindseligkeiten** zwischen Pflegepersonen oder innerhalb des Teams führen zu einer geringeren Arbeitszufriedenheit und einem erhöhten Stresserleben, begünstigen Depressionen und Angstzustände und erhöhen zudem die Absicht, den Arbeitsplatz zu wechseln oder aus dem Pflegeberuf auszusteigen (Bartholomew, 2009).

Berufseinsteiger*innen, die in der Pflegepraxis mit einem **„unfriendly workplace"** konfrontiert worden sind und zu wenig soziale Unterstützung von den Teammitgliedern oder der Führungskraft erhalten haben, geben an, dass diese Erfahrung die eigene Entscheidung beeinflusst hat, wieder aus dem Pflegeberuf auszusteigen (MacKusick & Minick, 2010).

Anforderungen an die Führungskraft

In dieser Phase ist es wichtig, sich als Führungskraft bewusst zu sein, dass Konfliktphasen zum Prozess der Teambildung gehören und auch danach immer wieder auftreten können. Es ist ebenfalls wichtig, dabei eine gute Vertrauensbasis zu den einzelnen Teammitgliedern zu haben und konkrete **Regeln** für das Miteinander festzulegen. Als Führungskraft gilt es, in dieser Phase **Klarheit** und **Vertrauenswürdigkeit** zu vermitteln sowie in einem vertrauensvollen Rahmen Konflikte offen anzusprechen und gemeinsam eine Lösung zu finden, bei der jedes Teammitglied das eigene Gesicht wahren kann. Führungskräfte benötigen daher eine stark ausgeprägte **Konfliktlösungskompetenz**. Achten Sie als Führungskraft zudem auf die Stärkung des gemeinsamen sozialen Austausches im Team, auf gegenseitiges Verständnis füreinander, gegenseitige Akzeptanz und die Förderung eines starken Zusammenhalts. Insbesondere wenn die Aufgaben und Rollen der einzelnen Teammitglieder nicht klar definiert sind oder nicht von allen Teammitgliedern akzeptiert werden, kommt es zu Konflikten innerhalb des Teams – sorgen Sie daher dafür, dass alle Aufgaben und Rollen im Team klar definiert sind und von allen akzeptiert werden (Möller, 2016).

3. Norming – Konsolidierungsphase

In dieser Phase stehen die Entwicklung und Festlegung von **Normen und Regeln** für den gemeinsamen Umgang miteinander im Fokus. Die Teammitglieder beginnen sich zu öffnen und es besteht ein grundsätzliches **Streben nach Harmonie** innerhalb des Teams. Die Teammitglieder bringen einander Akzeptanz entgegen; ein positives Gemeinschaftsgefühl, ein starker **Zusammenhalt im Team** und ein gemeinsames **Wir-Gefühl** beginnen sich aufzubauen. Die Teammitglieder neigen deshalb in dieser Phase dazu, Konflikte nicht anzusprechen, sondern unterschwellig weiterlaufen zu lassen. Es ist für die Weiterentwicklung des Teams jedoch wichtig, dass Konflikte angesprochen, geklärt und gemeinsam bewältigt werden können, dass die Teammitglieder einander dadurch noch besser kennenlernen und Zusammenarbeit und Zusammenhalt noch mehr gestärkt werden.

Anforderungen an die Führungskraft
In dieser Phase ist es besonders wichtig, für **Klarheit** zu sorgen und sich als Führungskraft der eigenen **Vorbildwirkung** bewusst zu sein: Wie spricht man als Führungskraft selbst Probleme an? Wie geht man als Führungskraft selbst mit Konfliktsituationen um? Passivität sowie unterschwellig verlaufende Konflikte stellen keine erfolgreichen **Konfliktbewältigungsstrategien** dar. Bedenken Sie als Führungskraft, dass Auseinandersetzungen und Konflikte immer auch zu einer Teamdynamik dazugehören und sich niemals zur Gänze vermeiden lassen werden. Sprechen Sie Konflikte in einem vertrauensvollen Rahmen offen an und finden Sie gemeinsam eine Lösung zur Klärung des Konfliktes. Versuchen Sie als Führungskraft gezielt den Zusammenhalt im Team zu stärken und für ein positives **Gemeinschafts- und „Wir-Gefühl"** im Team zu sorgen (Möller, 2016).

4. Performing – Integrationsphase

In dieser Phase hat das Team es geschafft, eine Ebene zu erreichen, in der sich die Teammitglieder effektiv den eigenen Aufgaben widmen können. Nun ist eine Stufe erreicht, auf der tatsächlich **inhaltliche Arbeit** stattfinden kann. Die Rollenbeziehungen werden von allen Teammitgliedern akzeptiert, gefestigt und im Sinne der Aufgabe genutzt. Erst dies ermöglicht das Erreichen des Gruppenziels und die Lösung von Problemen innerhalb des Teams. Es findet ein **offener Informationsaustausch** zwischen den Teammitgliedern statt, und jedes Teammitglied bringt die eigenen, **individuellen Ressourcen** mit ein. Alle Teammitglieder bringen einander Akzeptanz, Wertschätzung und Anerkennung entgegen.

Anforderungen an die Führungskraft
Die Führungskraft muss auch in dieser Phase über eine stark ausgeprägte **Konfliktlösungskompetenz** und gute **Problemlösungsstrategien** verfügen, um bei neu auf-

tretenden Auseinandersetzungen eine erfolgreiche Konfliktlösung gezielt unterstützen zu können (Möller, 2016).

5. Adjourning – Auflösungsphase

In dieser Phase verlassen ein oder mehrere Teammitglieder das Team; es kann sogar zur Auflösung des gesamten Teams kommen. Wenn ein Teammitglied das Team verlässt, kommt es unweigerlich zu einer **neuen Gruppendynamik** und das Team muss sich wieder neu zusammenfinden. In diesen Veränderungsprozessen fällt das Team durch diese neue Dynamik häufig wieder in die **Stormingphase** zurück, da es auf aufgrund des Abgangs zu erneuten Rollenkonflikten, Machtansprüchen und Statusbehauptungen kommt.

Anforderungen an die Führungskraft
In dieser Phase werden Führungskräfte von den verbleibenden Teammitgliedern genau beobachtet, wie und mit welcher Wertschätzung die **Verabschiedung** erfolgt – denn dies ist immer ein Indikator dafür, welchen Wert und welche **Wertschätzung** den verbleibenden Mitarbeiter*innen insgesamt von der Führungskraft und der Organisation entgegengebracht wird. Beachten Sie als Führungskraft im verbleibenden Team, ob sich Anzeichen für einen Rückfall in die Stormingphase zeigen, nehmen Sie diese Anzeichen ernst und beginnen Sie frühzeitig, aufkommenden Auseinandersetzungen und **Konflikten entgegenzuwirken**.

Die Führungskraft beeinflusst mit ihrem **Führungsverhalten** maßgeblich, in welchem Ausmaß gemeinsames **Teamwork** erfolgreich gelebt wird. Ein gutes Miteinander im Team ist zudem auch vom Verhalten jedes einzelnen Teammitglieds geprägt. Gute Teamarbeit hängt hierbei nicht nur von der Fachkompetenz der Führungskraft und der einzelnen Teammitglieder, sondern auch von den **sozialkommunikativen Kompetenzen** aller Personen ab.

Als Führungskraft können Sie die Zusammenarbeit im Team stärken, indem Sie die **Arbeitsbedingungen** nachhaltig verbessern, eine gleichmäßige **Arbeitsverteilung** sicherstellen, auf den gezielten Einsatz der Fähigkeiten, Kompetenzen und Potentiale der Mitarbeiter*innen achten, einen guten **Informationsfluss** innerhalb des Teams fördern, **Kooperation** und ein partnerschaftliches und offenes Miteinander leben, die Zusammenarbeit mit anderen Bereichen, Stabstellen und Schnittstellen optimieren und einen regelmäßigen, engen **sozialen Austausch** miteinander aufbauen und aufrechterhalten.

Um eine gute Zusammenarbeit im Team aufrechtzuerhalten, braucht es zudem auch gemeinsame **Verhaltensregeln** wie Fairness und Respekt, Begegnung auf Augenhöhe, freie Meinungsäußerung, positive Fehlerkultur, Aufrechterhalten des Informationsflusses, konstruktives Feedback, offenes Ansprechen und gemeinsames Lösen von Konflikten sowie gegenseitige Akzeptanz, Wertschätzung und Anerkennung.

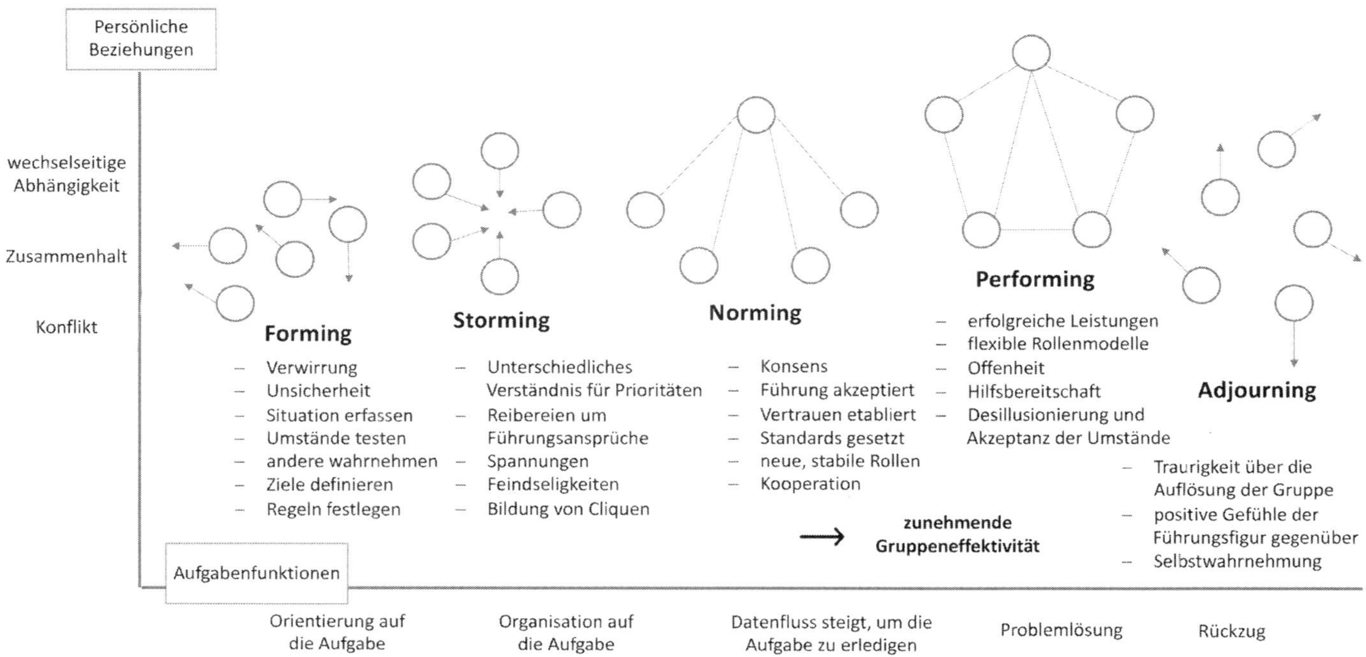

Abb. 18: **Phasen der Teambildung nach Tuckman (Mathis & Knecht, 2023)**

Für ein positives **Teamgefühl** braucht es darüber hinaus regelmäßige Möglichkeiten zur direkten Interaktion und Kommunikation. Das bedeutet, die Teammitglieder müssen einander regelmäßig sehen und benötigen einen Rahmen sowie zeitliche Ressourcen, die Interaktion und sozialen Austausch innerhalb des Teams fördern. Sie müssen einander zudem auch auf der **emotionalen Ebene** begegnen und unterstützen sowie Akzeptanz und Wertschätzung leben, um sich als Team zu fühlen und erfolgreich miteinander zusammenzuarbeiten (Möller, 2016).

Pflegepersonen, die von anderen Teammitgliedern emotional und sozial unterstützt werden, können mit Belastungen besser umgehen und leiden weniger an emotionalen Erschöpfungszuständen. Es gilt, ein Arbeitsklima der gegenseitigen Unterstützung zu schaffen, in welchem von Teammitgliedern und Führungskräften **emotionale und soziale Unterstützung** gelebt und den Pflegenden dabei geholfen wird, mit den vielfältigen Belastungen im Pflegeberuf besser umzugehen (Elliott, 2017).

Ziel ist es, die **zwischenmenschlichen Beziehungen** am Arbeitsplatz innerhalb des Teams sowie das Miteinander gezielt zu fördern. Gute zwischenmenschliche Beziehungen innerhalb des Teams erhöhen die Arbeitszufriedenheit, stärken das Gemeinschaftsgefühl, führen zu mehr **Zusammenhalt und Solidarität** und sorgen dafür, dass alle Mitarbeiter*innen an einem Strang ziehen und sich gemeinsam an den Zielen der Organisation orientieren (Bartholomew, 2009).

Ein gut funktionierendes Team zeichnet sich auf der **Beziehungsebene** durch eine offene und respektvolle Kommunikation aus. Jedes Teammitglied kann sich auf die Unterstützung der anderen verlassen und ist auch selbst bereit, die anderen Teammitglieder zu unterstützen. Diese haben Vertrauen zueinander und bringen einander Respekt entgegen. Es gibt Gemeinsamkeiten und **Rituale am Arbeitsplatz**, um die sozialen Beziehungen und den Zusammenhalt innerhalb des Teams zu stärken (Overlander & Freund, 2016).

Eine gute **Teamkonstellation** setzt sich sowohl aus jüngeren als auch älteren Mitarbeiter*innen zusammen, um die **Stärken aller Altersgruppen** zu nutzen, dadurch Innovation und Erfahrung miteinander zu verbinden sowie die nachhaltige Weitergabe von Wissen sicherzustellen (Reibnitz & Sonntag, 2018).

In Organisationen und Organisationseinheiten, in denen die **Arbeitszufriedenheit hoch** ist, kommt es zu **weniger Konflikten** innerhalb des Teams, zu weniger Konflikten mit Pflegebedürftigen und Angehörigen, zu **weniger Krankenständen** beim Personal sowie zu einer **geringeren Personalfluktuation** (Wehner, 2015).

Je stärker Mitarbeiter*innen sozial in die Organisation eingebunden sind, desto stärker wirken die Bindungsfaktoren. Langjährige soziale Beziehungen am Arbeitsplatz, individuelle Identifikation mit den Organisationszielen und eine gute Vereinbarkeit von privaten Lebensumständen und Arbeitsplatz erhöhen das **soziale Eingebundensein** (Schafmeister, 2019).

13.4 Checkliste (Lösungsansätze)

In jeder Organisation gibt es unterschiedliche Handlungsfelder: In der einen Organisation sind bestimmte Maßnahmen bereits etabliert und haben sich gut bewährt, in der anderen Organisation besteht noch konkreter Handlungsbedarf. Reflektieren Sie als Stations-, Bereichs- oder Pflegedienstleitung die Rahmenbedingungen und Gegebenheiten auf Ihrer Station, in Ihrem Bereich oder Ihrer Organisation kritisch. Wo besteht noch Handlungsbedarf? Wo lässt sich eine Maßnahme noch optimieren?

Tab. 8: **Team – Lösungsansätze**

Lösungsansätze	↑↑	↑	✓
Die **Teamkultur** ist von folgenden Aspekten geprägt:			
➡ Gegenseitiger Respekt, Wertschätzung und Anerkennung			
➡ Gegenseitige Unterstützung			
➡ Zusammenhalt			
➡ Gemeinschaftsgefühl			
➡ Gemeinsame Rituale			
➡ Gemeinsame Teamevents			
➡ Regelmäßiger Austausch			
➡ Gutes Miteinander der Generationen			
➡ Sicherstellung nachhaltiger Wissensweitergabe			
➡ Intensive Unterstützung von Berufseinsteiger*innen			
Die **Führungskraft** legt ihren Fokus auf die Entwicklung und Aufrechterhaltung einer positiven Teamkultur:			
➡ Demokratischer bzw. kooperativer Führungsstil			
➡ Bewusstsein für die Phasen der Teambildung			
➡ Bewusstsein für Gruppendynamik durch sich verändernde Personalsituationen, insbesondere bei Personalabgängen			
➡ Wachsamkeit bezüglich Konflikten und frühzeitiges Gegenwirken			
➡ Maßnahmen zur Stärkung des Teamzusammenhalts und „Wir-Gefühls"			
Die **Führungskraft** legt ihren Fokus auf die Entwicklung und Aufrechterhaltung einer positiven Teamkultur im Kontext der **Personalsituation**:			
➡ Fokus auf Teamfähigkeit und sozialkommunikative Kompetenzen bei der Personalauswahl			
➡ Fokus auf Teamfähigkeit und sozialkommunikative Kompetenzen bei der Personalentwicklung			
➡ Möglichkeiten und Rahmenbedingungen für einen regelmäßigen und kontinuierlichen sozialen Austausch innerhalb des Teams			

Lösungsansätze	↑↑	↑	✔
Es bestehen eine **stabile Personalsituation** sowie klare Aufgaben- und Rollenzuweisungen innerhalb des Teams:			
➨ Besteht in Ihrem Bereich personelle Stabilität?			
➨ Sind Aufgaben und Rollen klar geregelt und akzeptiert?			
➨ Sind sich alle Teammitglieder ihrer Zuständigkeit und Verantwortung bewusst, sodass die Zusammenarbeit der verschiedenen Berufsgruppen (Delegation) gut funktioniert?			
➨ Bestehen Konflikte innerhalb des Teams (Untergruppen) oder zwischen einzelnen Teammitgliedern?			

↑↑ Nicht etabliert, es besteht Handlungsbedarf
↑ Etabliert, aber es besteht Optimierungsbedarf
✔ Etabliert und hat sich bereits gut bewährt

(Eigene Darstellung)

14 Führung (Faktor für einen Berufsverbleib)

14.1 Unterstützung von der Führungskraft (Potentialfeld)

Unterstützung vonseiten der Führungskraft wird von Pflegepersonen auf unterschiedlichen Ebenen wahrgenommen. Gezielte Förderung ermöglicht es ihnen, sich beruflich zu entfalten.

> „Ich habe eine Stationsleitung bekommen, die mich von Anfang an auch sehr gefördert hat, und dadurch konnte ich mich wirklich gut entfalten ..."

Der Versuch der Führungskraft, das Team zufriedenzustellen, wird von den Pflegenden geschätzt und der Führungskraft hoch angerechnet.

> „... dass meine jetzige Stationsleitung sich sehr bemüht, das Team zufriedenzustellen, so gut es geht."

Als besonders positiv wird es erlebt, wenn die Führungskraft großen Wert auf einen respektvollen und wertschätzenden Umgang sowohl innerhalb des Pflegeteams als auch im interdisziplinären Team legt und stets um die Aufrechterhaltung einer solchen Teamkultur bemüht ist.

> „Wir haben in der Zwischenzeit eine neue Führungskraft bekommen, die sehr darauf achtet, dass der Umgangston unter den Pflegepersonen und auch im interdisziplinären Team stimmt."

Gesundheits- und Krankenpfleger*innen erwarten, dass die Führungskraft bei Personalausfällen auch Tätigkeiten in der Basisversorgung übernimmt, um sie dadurch bei der Bewältigung der vielfältigen Pflegetätigkeiten zu unterstützen.

> „... dass die Leitung, wenn sie sieht, es passiert gerade sehr viel, es ist gerade sehr viel zu tun, von sich aus sagt, ok, mein Team hat Priorität, ich muss oder ich werde jetzt mein Team dabei unterstützen, auch wenn es jetzt nicht unbedingt mein Tätigkeitsprofil als Führungskraft ist."

> „Essen austeilen ... Körperpflege ... oder die Infusionen herrichten oder anhängen oder sonstige Tätigkeiten – also, es ist schon eine große Hilfe, wenn man bei Personalnotstand einfach eine Initiative von der Führung sieht. Meine derzeitige Führungskraft macht das, ja, ist eigentlich recht engagiert. Wenn sie sieht, es ist Not am Mann, dann nimmt sie auch Patienten auf oder sie spiegelt wie gesagt auch Infusionen."

Unterstützung durch die Führungskraft kann auf unterschiedlichen Ebenen erfolgen, wird von den Pflegepersonen wahrgenommen und wertgeschätzt und der Führungskraft hoch angerechnet, insbesondere bei einer schwierigen Personalsituation. Die gezielte und umfassende Unterstützung durch die Führungskraft stärkt den Berufsverbleib des Gesundheits- und Krankenpflegepersonals.

14.2 Führungsqualitäten (Potentialfeld)

Pflegende haben eine klare Erwartungshaltung bezüglich der Führungsqualitäten einer Führungskraft: Sie soll hinter dem Team stehen, es vor anderen verteidigen, die Station als Einheit sehen und das Team auch in schwierigen Zeiten unterstützen.

> „Dass sie uns ein bisschen ... ich sag unter Anführungszeichen: nach oben hin verteidigt. Also, ich erwarte mir schon irgendwie, dass unsere Führungsperson die Station sieht: So, das ist unsere Station, wir sind eine Einheit und wir arbeiten zusammen und wir repräsentieren das auch nach außen hin."

> „Von der Führungskraft würde ich mir erwarten, dass sie einfach hinter uns steht, also hinter dem Team. Dass sie uns einfach unterstützt auch in schwierigen Situationen ... dass sie offen mit den Problemen, die auf der Station herrschen, umgeht."

> „Für mich ist wichtig, dass die Leitung zu einem steht, was auch immer sein sollte. Wenn man schwierige Situationen erlebt hat und dergleichen, dass sie dann hier ist für Gespräche."

Ein klarer Anspruch der Pflegenden ist, dass die Führungskraft Verantwortung für die Mitarbeiter*innen übernimmt, klar kommuniziert, welche Erwartungen sie an diese hat, eine positive Fehlerkultur lebt, bei Problemen stets lösungsorientiert agiert und die Kommunikation mit den Mitarbeiter*innen kontinuierlich aufrechterhält.

> „Mir ist wichtig, dass die Führungskraft sich fachlich auch gut auskennt und klar sagen kann, wie sie sich vorstellt, was jetzt passieren soll – und, wenn was nicht funktioniert, das auch klar sagen kann und Lösungsansätze sucht. Dass eine Leitung ... immer wieder für Neues offen ist und das auch klar kommunizieren kann und wirklich auch anspricht, wenn was falsch läuft. Und auch die Mitarbeiterkommunikation ist wichtig ... also wirklich auch Verantwortung zu übernehmen für die Mitarbeiter."

Insgesamt erwarten die Pflegenden, dass die Führungskraft für eine Balance zwischen den Interessen der Mitarbeiter*innen und den Interessen der Organisation sorgt und sicherstellt, dass alles rechtmäßig verläuft. Besitzt sie zudem die dargestellten Führungsqualitäten, unterstützt dies den Berufsverbleib des Pflegepersonals.

14.3 Führungsverhalten und sinnorientierte Führung

Führungsbegriff

Führung beschreibt einen kontinuierlichen **Prozess der sozialen Einflussnahme** auf das Verhalten von anderen Menschen bzw. Mitarbeiter*innen, dessen Grundlage Kommunikation und Kooperation darstellen. Erfolgreiche Führung kann nur durch das kooperative Zusammenwirken beider Seiten – sowohl der Führungskraft als auch der Mitarbeiter*innen – zustande kommen (Seliger, 2018).

Führung wird dabei als zwischenmenschlicher **Interaktionsprozess** zwischen der Führungskraft und den einzelnen Mitarbeiter*innen verstanden, folgt konkreten **Zielsetzungen** und wird zudem vom umgebenden **Kontext** geprägt (Schmalzried, Fröhlich & Vondermaßen, 2021).

Führung bedeutet auch immer, eine **„Brückenfunktion"** einzunehmen und proaktiv Brücken zu schlagen, um vor allem eine Beziehung zwischen der Organisation und den einzelnen Mitarbeiter*innen zu schaffen. Mitarbeiter*innen haben Bedürfnisse und sind bereit, mit der Organisation zu kooperieren, wenn die eigenen Bedürfnisse befriedigt werden. Organisationen hingegen werden von Zielen und Aufgaben gelenkt – und diese sind nicht immer mit den Bedürfnissen der Mitarbeiter*innen kompatibel. Für die Führungskraft besteht in diesem Kontext die konkrete Führungsaufgabe darin, sowohl eine Verbindung als auch ein Gleichgewicht zwischen **bedürfnisorientierten Mitarbeiter*innen** und der **aufgabenorientierten Organisation** zu schaffen.

Führungskräfte sind daher kontinuierlich mit unterschiedlichen und auch gegensätzlichen Erwartungen und Ansprüchen von verschiedenen Beteiligten konfrontiert und haben die zentrale Aufgabe, unterschiedliche Positionen, Erwartungen, Ziele, Ansprüche und Bedürfnisse miteinander in Einklang zu bringen – dies ist ein immerwährender **Balanceakt** in einer Führungsposition.

Führung bedeutet in diesem Kontext, die Beziehung zwischen den Mitarbeiter*innen und der Organisation zu gestalten und zu sichern und die Mitarbeiter*innen durch intensive Unterstützung im Leistungsprozess mit ihren jeweiligen Aufgaben und Tätigkeiten zu „verbinden". Dadurch soll auch der Leistungsprozess der Mitarbeiter*innen selbst sichergestellt und die Kooperation der unterschiedlichen Mitarbeiter*innen in einem Team gestaltet werden – um dadurch die **gemeinsame Leistungserbringung** und Zielerreichung sicherzustellen sowie eine vertrauensvolle Beziehung und Kooperation zwischen der Führungskraft und den einzelnen Mitarbeiter*innen zu ermöglichen.

Führung braucht zudem **Wachsamkeit**. Dies bezieht sich sowohl auf die Führungspersönlichkeit selbst als auch auf das Führungsverhalten, auf die Menschen bzw.

Mitarbeiter*innen, mit denen die Führungskräfte kooperieren, und auf die Organisationseinheit, für welche die Führungskraft verantwortlich ist.

Zudem braucht es eine **vertrauensvolle Beziehung** zwischen der Führungskraft und den einzelnen Mitarbeiter*innen. Zuletzt braucht es auch Bewusstsein für die Wirksamkeit der eigenen Führung: Welche Rolle spielen die eigenen Motive und Ziele? Werden die Ziele konkret erreicht? Wie wirksam sind das Setzen von konkreten Handlungen, das Treffen von Entscheidungen und ihre konkrete Umsetzung, die Nutzung von Potentialen und das Erkennen von geeigneten Situationen, um positive Führungsarbeit zu leisten?

Führung ist zudem unabdingbar auch mit der Fähigkeit zur **Selbstführung** verbunden. Selbstführung bedeutet die Kompetenz, sich selbst und die eigenen vielfältigen Rollen kontinuierlich zu reflektieren, sich selbst und die eigenen Potentiale als Führungskraft wertzuschätzen sowie die eigene Wirksamkeit im Führungsprozess kontinuierlich zu beobachten **(= Selbstwirksamkeit)** (Seliger, 2018).

Die **Grundpfeiler der Führung** (Abb. 19) werden insgesamt von der Beziehung, dem System, der Partizipation und dem Sinn geprägt. Als Führungskraft braucht es in diesem Kontext zudem auch die Kompetenz zur Selbstführung und **Selbstentwicklung** (Linka, Staudacher & Spirig, 2021).

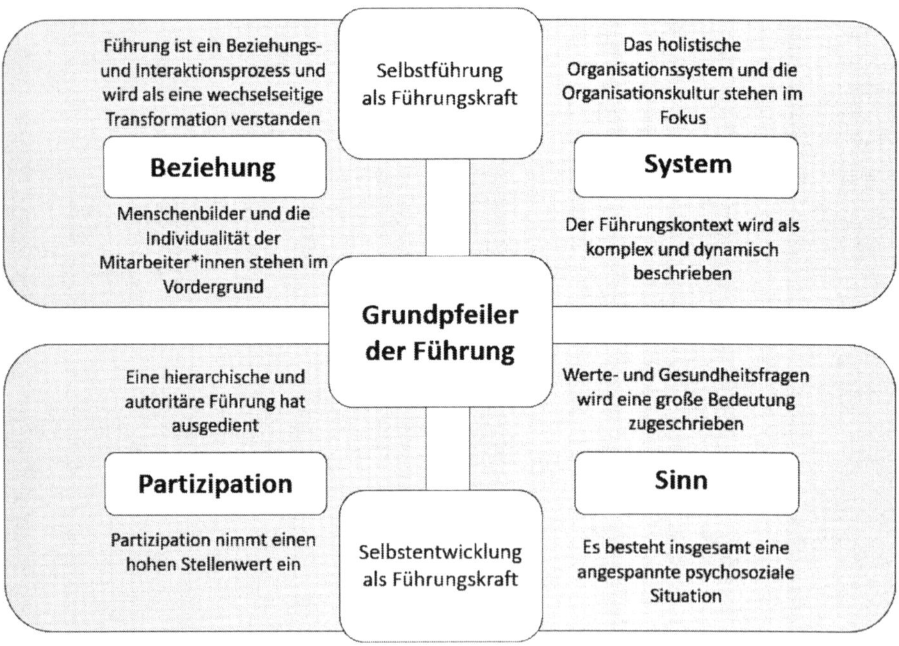

Abb. 19: Grundpfeiler der Führung (adaptiert nach von Au, 2016; zit. nach Linka, Staudacher & Spirig, 2021)

Für Führungskräfte sind die **positiven Aspekte** ihrer Tätigkeit die Freude an der eigenen Führungsarbeit, das konstruktive Teamklima, die Wertschätzung durch Mitarbeiter*innen, die Identifizierung mit der Führungsrolle, die Wertschätzung durch den*die Vorgesetzte*n sowie das Gefühl, für die eigenen Führungsaufgaben gut gerüstet zu sein.

Die **negativen Aspekte** liegen in der Personalsituation, dem Image, der Entlohnung, den unzureichenden Ressourcen sowie der mangelnden Einbindung in Entscheidungen (Fitzgerald et al., 2021).

Aus Sicht der Mitarbeiter*innen besteht **Fehlverhalten** von Führungskräften vor allem in zu wenig Zeit, zu später oder nicht ausreichender Informationen, Ausübung der falschen Form von Kritik, zu wenig Förderung und Weiterbildung, fehlenden Aufstiegschancen, fehlenden Mitsprachemöglichkeiten bei Veränderungen, fehlender oder unzureichender Ein- und Unterweisung sowie unklaren Anweisungen, zu wenig Kontakt mit den Mitarbeiter*innen und mangelndem Verständnis für deren Probleme (Mentzel, Grotzfeld & Haub, 2017).

Die häufigsten Gründe für die Beendigung eines Arbeitsverhältnisses vonseiten der arbeitnehmenden Person sind nicht auf fachliche Aspekte, sondern auf eine Diskrepanz zwischen ihrer Erwartungshaltung und der tatsächlichen Arbeitsrealität (z.B. betreffend die Einhaltung von Zusagen) sowie auch auf **zwischenmenschliche Spannungen** zurückzuführen (Brenner, 2020).

Höher qualifizierte Pflegepersonen schätzen die Führungsqualitäten der eigenen Führungskraft schlechter ein als Pflegepersonen mit einem niedrigeren Ausbildungsniveau. Grund dafür ist, dass höher qualifizierte Pflegepersonen höhere Erwartungen an die Führungskraft und das Arbeitsumfeld haben. Pflegepersonen, welche die Führungsqualitäten der eigenen Führungskraft als gering einschätzen, denken häufiger über einen Berufsausstieg nach. Es besteht eindeutig ein Zusammenhang zwischen den Führungsqualitäten der Führungskraft und der Arbeitszufriedenheit der Mitarbeiter*innen sowie deren höherer affektiver Bindung an die Organisation (Hasselhorn et al., 2005).

Grundsätzlich lässt sich feststellen: Je stärker die **soziale Unterstützung** durch die Führungskraft ist, desto geringer ausgeprägt ist die Absicht, den Pflegeberuf zu verlassen. Umgekehrt: Je geringer die soziale Unterstützung durch die Führungskraft ist, desto ausgeprägter ist die Absicht, den Pflegeberuf zu verlassen (Hasselhorn et al., 2005).

Ein Zusammenspiel von folgenden Aspekten kann das Risiko sowohl für Krankenstände als auch für Berufsausstiege erhöhen:

- Keine ausreichende Kommunikation der Organisationsziele an die Mitarbeiter*innen
- Zu wenig Handlungs- und Entscheidungsspielraum im eigenen Verantwortungsbereich
- Zu wenig Zeit für gemeinsame Einzelgespräche und gemeinsamen Austausch
- Zu wenig Zeit für die gemeinsame Planung der beruflichen Weiterentwicklung
- Zu wenig Miteinbeziehung der Mitarbeiter*innen in Entscheidungen
- Zu wenig Gestaltungsmöglichkeiten der Arbeitssituation
- Zu wenig Feedback
- Zu wenig Wertschätzung und Anerkennung für die erbrachte Arbeitsleistung
- Zu wenig soziale Unterstützung vor allem in belastenden Situationen
- Zu wenig Verlässlichkeit hinsichtlich gemeinsamer Vereinbarungen und Zusagen.

Es besteht ein Zusammenhang zwischen dem **Führungsverhalten** und einem erhöhten **Risiko für einen Berufsausstieg**. Dieser Zusammenhang ist bei Mitarbeiter*innen mit einer höheren Bildung deutlich stärker ausgeprägt als bei Mitarbeiter*innen mit mittlerer oder niedrigerer Bildung (Sorensen et al., 2022).

Führungsstile (nach Lewin, 1939)[3]

Autoritärer Führungsstil

Ein autoritärer Führungsstil (Abb. 20, S. 119) ist dadurch gekennzeichnet, dass die Führungskraft umfassende **Kontrolle** über die Mitarbeiter*innen ausübt, die alleinige **Entscheidungsmacht** hat und Entscheidungen im Alleingang trifft, ohne die Mitarbeiter*innen in Entscheidungsprozesse einzubeziehen. Die Führungskraft besitzt auch die alleinige **Informationsmacht** und steuert gezielt, wann welche Informationen in welchem Ausmaß an die Mitarbeiter*innen weitergegeben werden. Das bedeutet, Informationen werden von der Führungskraft gezielt als Machtinstrument genutzt und teilweise fehlerhaft, lückenhaft, verspätet oder gar nicht an die Mitarbeiter*innen weitergeleitet bzw. gezielt zurückgehalten. Die Führungskraft bestimmt alleine darüber, wie die Aufgaben der Mitarbeiter*innen auszuführen sind, wie die Abläufe und Prozesse im eigenen Bereich zu erfolgen haben, und wirkt bei der Ausführung der Aufgaben grundsätzlich nicht mit. Die Mitarbeiter*innen werden von der Führungskraft genau kontrolliert, Abweichungen von den Vorgaben oder vermeintliches **Fehlverhalten** werden sofort sanktioniert. Die Mitarbeiter*innen werden von der Führungskraft als **Vollzugsorgane** angesehen, die sich ihr vollständig unterzuordnen und nicht zu widersprechen haben, sondern den Anweisungen widerstandslos Folge leisten müssen.

3 Zit. nach Freund, Zweiniger & Birkenfeld, 2016; Weidenhammer, 2017; Hofbauer & Kauer, 2021.

Die Mitarbeiter*innen zeigen unter einem autoritären Führungsstil ein passives, angepasstes und unselbständiges Verhalten. Das Gruppenverhalten autoritär geführter Teams ist gehorsam bis unterwürfig, es besteht eine hohe Spannung und es kommt häufig zu **Konflikten** unter den Teammitgliedern. Individuelle Bedürfnisse, Erwartungen und Probleme finden beim autoritären Führungsstil kaum Berücksichtigung. Zudem ist die Arbeitsatmosphäre von allgegenwärtig hoher **Arbeitsintensität** und -belastung geprägt. Es ist bezeichnend, dass es bei Abwesenheit der Führungskraft zu einer **Arbeitsunterbrechung** vonseiten der Mitarbeiter*innen kommt.

Der autoritäre Führungsstil hat letztlich **negative Auswirkungen** auf die Arbeitsatmosphäre und die Gesundheit der Mitarbeiter*innen. Die Bereitschaft der Mitarbeiter*innen, in der heutigen Zeit einem autoritären Führungsstil Folge zu leisten, ist sehr gering.

Demokratischer bzw. kooperativer Führungsstil

Ein demokratischer Führungsstil (Abb. 20, S. 119) zeigt sich durch eine entspannte, angenehme und nahezu freundschaftliche Arbeitsatmosphäre unter allen Beteiligten und ist gekennzeichnet von einem **kollegial-kooperativen Gruppenverhalten**. Die Mitarbeiter*innen werden von der Führungskraft in alle Entscheidungsprozesse einbezogen und haben dadurch das Gefühl, bei Entscheidungen eingebunden zu sein und selbst aktiv mitgestalten zu können. Dadurch können sie sich stärker mit der gemeinsam getroffenen Entscheidung identifizieren und diese annehmen, Entscheidungsprozesse besser nachvollziehen und auch ein Verständnis für deren Auswirkungen entwickeln. Das grundsätzliche Ziel bei einem demokratischen bzw. kooperativen Führungsstil ist es, die **Potentiale** der einzelnen Mitarbeiter*innen zu erkennen und zu fördern, bei ihnen eine hohe **Motivation** und Leistungsbereitschaft zu entwickeln bzw. aufrechtzuerhalten, eine starke **Identifikation** mit den Aufgaben und Zielen der Organisation sicherzustellen sowie ein verantwortungsvolles, respektvolles und wertschätzendes Miteinander im Team zu schaffen. Der demokratische bzw. kooperative Führungsstil wirkt sich positiv auf die Arbeitsatmosphäre und die Gesundheit der Mitarbeiter*innen aus, fördert die Entwicklung des **Wir-Gefühls** im Team und stärkt die Zusammenarbeit und den Zusammenhalt. Oberstes Ziel bei einem demokratischen Führungsstil ist es, die höchstmögliche Zufriedenheit der Mitarbeiter*innen mit bestmöglichen Ergebnissen zu erreichen (Freund, Zweiniger & Birkenfeld, 2016; Weidenhammer, 2017; Hofbauer & Kauer, 2021).

In Zeiten des Personalmangels ist der demokratische Führungsstil der Schlüssel, um einerseits für Nachwuchskräfte ein **attraktives Arbeitsumfeld** zu schaffen und andererseits das bereits vorhandene Pflegepersonal durch ein angenehmes Arbeitsklima langfristig im Pflegeberuf zu halten (Tewes, 2015).

Laissez-faire-Führungsstil

Der Laissez-faire-Führungsstil (Abb. 20) ist davon geprägt, dass die Führungskraft den Dingen ihren Lauf lässt und kaum in die Geschehnisse am Arbeitsplatz eingreift. Die Führungskraft hat eine **passive Grundhaltung**, es liegt de facto eine „Nicht-Führung" vor. Die Mitarbeiter*innen erhalten erst auf Nachfrage Informationen, die Führungskraft initiiert kaum Gespräche mit den Mitarbeiter*innen und gibt ihnen auch nur auf konkrete Nachfrage Feedback. Die Führungskraft zeigt nur in geringem Ausmaß Interesse für und Anteilnahme an den Mitarbeiter*innen und an deren Erwartungen, Bedürfnissen und Problemen. Zudem trifft diese Führungskraft nur ungern Entscheidungen und oftmals anhand informeller Regeln oder Gewohnheiten, die sich verfestigt haben. Häufig überlässt sie Entscheidungen auch den einzelnen Mitarbeiter*innen oder dem Team, jedoch ohne vorangegangenen gemeinsamen Entscheidungsprozess.

Der Laissez-faire-Führungsstil führt dazu, dass die Mitarbeiter*innen keinen Überblick über die Gesamtsituation, keine Ordnung in Form gemeinsamer und klarer Regeln und **keine** grundlegende **Orientierung und Struktur** mehr haben. Letztendlich führt dieser Führungsstil zu Desorganisation, mangelnder Disziplin, zum Aufkommen von Streitigkeiten, **Konflikten**, Rivalitäten und Gruppenbildungen bis hin zum **Verlust des Teamgefühls** und der Zusammenarbeit im Team, sodass die Mitarbeiter*innen nur noch ihre **Eigeninteressen** verfolgen. Der Laissez-faire-Führungsstil führt letztendlich auch dazu, dass die Motivation der Mitarbeiter*innen nachlässt, das Interesse an den Aufgaben sinkt, die Eigeninitiative immer geringer wird und sich die **Unzufriedenheit** insgesamt erhöht (Weidenhammer, 2017; Hofbauer & Kauer, 2021).

Führungsverhalten (nach Blake & Mouton, 1964)[4]

Das GRID-Modell von Blake und Mouton (1964; zit. nach Herzig, 2018; Schaffner, 2020; Hofbauer & Kauer, 2021) (Abb. 21, S. 120) beruht auf der Annahme, dass es bei Führungskräften grundsätzlich zwei Ausrichtungen gibt: die Aufgabenorientierung (Sachorientierung) und die Mitarbeiterorientierung (Personenorientierung).

Das **aufgabenbezogene Führungsverhalten (Sachorientierung)** bezeichnet das Ausmaß, in dem die Führungskraft bestimmt, welche Mitarbeiter*innen welche Aufgaben zu welchem Zeitpunkt wo zu verrichten haben. Es geht dabei um die Verteilung von Aufgaben und Rollen sowie Arbeitszielen, wobei immer die Leistungserbringung und das Ergebnis im Vordergrund stehen.

Das **mitarbeiterbezogene Führungsverhalten (Personenorientierung)** beschreibt die Intensität, mit der die Führungskraft die Beziehung zu den Mitarbeiter*innen gestaltet, sie in ihren Potentialen fördert und auf ihre sozialen und emotionalen Bedürf-

4 Zit. nach Herzig, 2018; Schaffner, 2020; Hofbauer & Kauer, 2021.

Führungsstile

autoritärer Führungsstil

- umfassende Kontrolle
- alleinige Entscheidungsmacht
- alleinige Informationsmacht
- alleinige Bestimmung über Aufgabenverteilung
- alleinige Bestimmung über Abläufe und Prozesse
- genaue Kontrolle der Arbeitsweise
- Fehlverhalten wird sanktioniert

- kaum Berücksichtigung der individuellen Bedürfnisse und Probleme der Mitarbeiter*innen
- passives, angepasstes und nicht eigenständig handelndes Verhalten der Mitarbeiter*innen

- gehorsames bis unterwürfiges Gruppenverhalten
- hohe Spannung im Team
- häufig Konflikte im Team

- hohe Arbeitsintensität und -belastung

demokratischer bzw. kooperativer Führungsstil

- entspannte, angenehme und nahezu freundschaftliche Arbeitsatmosphäre
- Miteinbeziehung in Entscheidungsprozesse
- gezielte Förderung der Potentiale der einzelnen Mitarbeiter*innen

- hohe Motivation bei den Mitarbeiter*innen
- hohe Leistungsbereitschaft bei den Mitarbeiter*innen
- hohe Identifikation der Mitarbeiter*innen mit den Aufgaben und Organisationszielen

- kollegial-kooperatives Gruppenverhalten
- verantwortungsvolles, respektvolles und wertschätzendes Miteinander im Team
- gemeinsame Zusammenarbeit und Zusammenhalt im Team
- gemeinsames Wir-Gefühl

- höchstmögliche Zufriedenheit der Mitarbeiter*innen bei bestmöglichen Ergebnissen

laissez-faire Führungsstil

- kaum Eingreifen in Geschehnisse am Arbeitsplatz
- kaum Entscheidungsfreudig
- passive Grundhaltung im Führungsverhalten „Nicht-Führung"
- kaum Initiierung von gemeinsamen Gesprächen
- geringes Ausmaß an Interesse an den Mitarbeiter*innen sowie deren Bedürfnissen und Problemen

- keine grundlegende Orientierung, Ordnung und Struktur mehr für die Mitarbeiter*innen
- Nachlassen der Motivation, dem Interesse an Aufgaben und der Eigeninitiative der Mitarbeiter*innen

- mangelnde Disziplin, keine klaren Regeln sowie Konflikte, Rivalitäten und Gruppenbildungen im Team bis hin zum Verlust des Teamgefühls und der gemeinsamen Zusammenarbeit

- hohe Arbeitsunzufriedenheit

Abb. 20: Führungsstile nach Lewin (adaptiert nach Freund, Zweiniger & Birkenfeld, 2016; Weidenhammer, 2017; Hofbauer & Kauer, 2021)

nisse eingeht. Im Fokus stehen das persönliche Interesse an den Mitarbeiter*innen, die Akzeptanz ihrer Individualität, die Bedeutung zwischenmenschlicher Beziehungen, das Vertrauensverhältnis zu ihnen, die Berücksichtigung ihrer individuellen Bedürfnisse sowie die Partizipation. Zusätzlich liegt der Schwerpunkt auf einer hohen Arbeitszufriedenheit. Die Führungskraft sorgt für eine angenehme Arbeitsatmosphäre, achtet auf die Gesundheitsförderung der Mitarbeiter*innen, stellt die Identifikation der Mitarbeiter*innen mit den Organisationszielen sicher, bezieht Verbesserungsvorschläge der Mitarbeiter*innen ein, setzt ein gutes Konfliktmanagement um und achtet auf eine stabile Personalsituation (Hofbauer & Kauer, 2021).

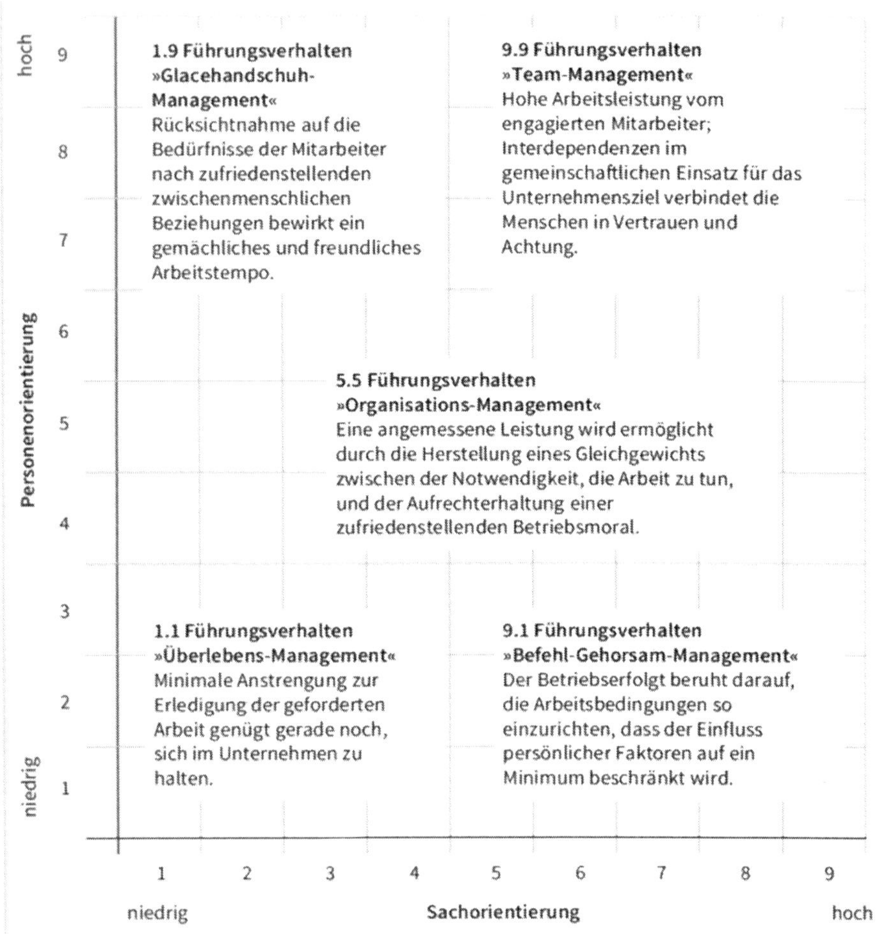

Abb. 21: GRID-Modell von Blake & Mouton (Schaffner, 2020)

Das 9.1-Führungsverhalten (Befehl-Gehorsam-Management)

Dieses Führungsverhalten beruht auf einem autoritären Führungsstil, wobei die Erfüllung von Aufgaben und die Erreichung vorgegebener Ziele oberste Priorität haben. Hohe Arbeitsmotivation und großes berufliches Engagement finden kaum Beachtung. Dieses Prinzip verfolgt das Ziel, dass die Mitarbeiter*innen dem Befehl der autoritären Führungskraft absoluten Gehorsam entgegenbringen und ihn widerstandslos befolgen. Die Arbeitsbedingungen werden von der Führungskraft dahingehend gestaltet, dass die Effizienz von Handlungen und Prozessen (Ergebnisorientierung) die oberste Priorität hat und von zwischenmenschlichen Faktoren nicht beeinträchtigt werden darf. Zwischenmenschliche Beziehungen und Bedürfnisse haben bei diesem Führungsverhalten keinen Platz. Vonseiten der Führungskraft besteht eine hohe Aufgaben- und geringe Mitarbeiterorientierung (Herzig, 2018; Schaffner, 2020; Hofbauer & Kauer, 2021).

Das 1.9-Führungsverhalten (Glacéhandschuh-Management)

Bei diesem Führungsverhalten zeigt sich die Führungskraft kollegial und offen im Umgang mit den Mitarbeiter*innen und dem Team, ist ihnen auf zwischenmenschlicher Ebene zugewandt und besitzt eine positive Grundhaltung ihnen gegenüber. Die Gestaltung der zwischenmenschlichen Beziehung zu den einzelnen Mitarbeiter*innen sowie die Förderung des gemeinsamen sozialen Austausches im Team haben für die Führungskraft den höchsten Stellenwert, ebenso wie die Gestaltung der Arbeitsbedingungen zum Wohle der Mitarbeiter*innen und die Schaffung einer angenehmen Arbeitsatmosphäre. Die Führungskraft nimmt stets Rücksicht auf die individuellen Bedürfnisse der Einzelnen und bemüht sich kontinuierlich darum, diese bestmöglich zu erfüllen. Oberstes Ziel dieses Führungsverhaltens ist es, eine Beziehung zu den einzelnen Mitarbeiter*innen aufzubauen, zu pflegen und aufrechtzuerhalten sowie gemeinsam ein angenehmes und freundliches Arbeitsklima zu schaffen, in dem sich alle Teammitglieder wohlfühlen (Herzig, 2018; Schaffner, 2020; Hofbauer & Kauer, 2021).

Das 1.1-Führungsverhalten (Überlebens-Management)

Bei diesem Führungsverhalten stehen für die Führungskraft weder die Mitarbeiter*innen noch die Aufgabe im Fokus – es wird nur ein minimaler Führungsaufwand betrieben. Die Führungskraft versucht weder Ziele zu verfolgen noch den unterschiedlichen Aufgaben nachzukommen, sich weder um den Aufbau zwischenmenschlicher Beziehungen zu bemühen noch auf die Bedürfnisse der Mitarbeiter*innen einzugehen, sondern resigniert. Sie hat womöglich eine „schlechte" Erfahrung oder eine „Niederlage" im Zusammenhang mit einer Zielerreichung, Aufgabenerfüllung oder zwischenmenschlichen Beziehung erlebt und reagiert auf diese Erfahrungswerte in weiterer Folge mit Resignation. Die Führungskraft erbringt lediglich die allernotwendigsten

Aufgaben und erfüllt nur noch die Minimalanforderungen, um sich weiterhin in der Führungsebene zu halten (Herzig, 2018; Schaffner, 2020; Hofbauer & Kauer, 2021).

Das 5.5-Führungsverhalten (Organisations-Management)

Die Führungskraft möchte keine der beiden Seiten – also weder die Aufgaben- noch die Mitarbeiterorientierung – vernachlässigen und ist sich dessen bewusst, dass es situationsabhängig immer wieder Kompromisse in der Setzung der Prioritäten braucht. Oberstes Ziel der Führungskraft ist es, ein Gleichgewicht zwischen der angemessenen Leistungserbringung (Aufgabenorientierung) einerseits und der positiven Gestaltung von zwischenmenschlichen Beziehungen sowie der Aufrechterhaltung der Arbeitszufriedenheit (Mitarbeiterorientierung) andererseits zu schaffen (Herzig, 2018; Schaffner, 2020; Hofbauer & Kauer, 2021).

Das 9.9-Führungsverhalten (Team-Management)

Die Führungskraft ist davon überzeugt, dass die Mitarbeiter*innen und ihre Ideen einer der wesentlichen und entscheidenden Faktoren für das Erreichen von Zielen und die Optimierung von Prozessen darstellen. Allen Teammitgliedern ist bewusst, dass nur durch Zusammenarbeit und durch die Nutzung der verschiedenen Stärken der einzelnen Mitarbeiter*innen ein gemeinsamer Erfolg erzielt werden kann. Dieses Prinzip ist daher geprägt durch ein starkes Teamwork, ein starkes Zusammengehörigkeitsgefühl, gegenseitige Unterstützung sowie gegenseitiges Vertrauen und Achtung voreinander. Durch dieses starke und positive „Wir-Gefühl" sowie das ausgewogene Gleichgewicht zwischen den Mitarbeiter*innen und ihren Aufgaben entsteht eine hohe Arbeitsleistung der einzelnen hochmotivierten und engagierten Mitarbeiter*innen. Zudem ist es in jeder Situation für alle das oberste Ziel, gemeinsam die beste Lösung für alle Beteiligten zu finden (Herzig, 2018; Schaffner, 2020; Hofbauer & Kauer, 2021).

Blake und Mouton (1964; zit. nach Herzig, 2018; Schaffner, 2020) sind davon überzeugt, dass Führungskräfte immer sowohl nach einer hohen Aufgaben- als auch einer hohen Mitarbeiterorientierung (Team-Management) streben sollten (Herzig, 2018; Schaffner, 2020).

Führungskompetenzen

Führungskräfte benötigen stark ausgeprägte **sozialkommunikative Führungskompetenzen** sowie die nachfolgend dargestellten Kompetenzen (Tab. 9):

Tab. 9: **Führungskompetenzen**

Führungskompetenzen
Empathiefähigkeit – bedeutet aktive Kommunikation, aufmerksames Zuhören und die Bereitschaft, das Gegenüber zu verstehen. Empathiefähigkeit ist die Kompetenz, sich unabhängig von Sympathieempfindungen in die einzelnen Mitarbeiter*innen und deren Situation hineinzuversetzen, ohne dabei im Umkehrschluss die eigenen Standpunkte oder Maßstäbe aufgeben zu müssen.
Kooperationsfähigkeit – erfordert eine positive Grundhaltung anderen gegenüber, die von Wertschätzung und Wohlwollen geprägt ist. Kooperationsfähigkeit beinhaltet die Kompetenz, mit anderen – z.B. den eigenen Mitarbeiter*innen, dem eigenen Team, anderen Berufsgruppen und anderen Mitarbeiter*innen unterschiedlicher Hierarchieebenen – konstruktiv zusammenzuarbeiten sowie die Bedürfnisse der Mitarbeiter*innen zu erkennen und mitzuberücksichtigen.
Entscheidungsfähigkeit – bedeutet, Entscheidungen treffen zu können und Impulse zu geben.
Konfliktfähigkeit – bezeichnet die Kompetenz, Konflikte wahrzunehmen, offen anzusprechen und konstruktiv zu lösen.
Kritikfähigkeit – beschreibt die Kompetenz, Kritik sowohl angemessen zu kommunizieren als auch angemessen von anderen anzunehmen und zu reflektieren.
Teamfähigkeit – umfasst das Wissen über Team- und Gruppenprozesse und die Kompetenz, Teamentwicklungsprozesse gezielt positiv zu beeinflussen und den Teamzusammenhalt zu stärken.
Vertrauensfähigkeit – bedeutet, authentisch zu sein, keine Autorität darzustellen, die allein auf Macht basiert, Vertrauen aufzubauen und zu schaffen, verständnisvoll und gerecht zu sein, eigene Zusagen einzuhalten, keine Manipulationen vorzunehmen, mit den Mitarbeiter*innen regelmäßig Gespräche zu führen, eine vertrauensvolle Beziehung aufzubauen und aufrechtzuerhalten, verlässlich und gerecht zu agieren, sich konsequent an Vereinbartes zu halten sowie Zusagen im versprochenen Zeitrahmen umzusetzen und grundsätzlich niemals parteiisch zu sein.
Reflexionsfähigkeit – ist die Bereitschaft, das eigene Führungsverhalten kontinuierlich zu reflektieren und weiterzuentwickeln sowie immer wieder über sich selbst hinauszuwachsen.
Belastungsfähigkeit – meint das Vorhandensein von Stressresistenz, ein hohes Maß an Belastbarkeit, die Fähigkeit, mit länger anhaltenden Spannungszuständen umzugehen sowie Misserfolge und Rückschläge erfolgreich und positiv zu verarbeiten.

(Adaptiert nach Leuzinger & Luterbacher, 2000; Freund, Zweiniger & Birkenfeld, 2016)

Führungskräfte benötigen sozialkommunikative Kompetenzen und emotionale Intelligenz, um mithilfe von **Empathie**, **Resonanz** und **Wertschätzung** die Gefühle und Stimmungslage der einzelnen Mitarbeiter*innen und des gesamten Teams wahrzunehmen, zu interpretieren und all dies in eine positive Richtung zu lenken. Empathische und resonante Führungskräfte besitzen die Fähigkeit, sowohl die eigenen Gefühle als auch die Gefühle anderer wahrzunehmen und sich adäquat darauf einzustellen. Ein empathisches und wertschätzendes Führungsverhalten hat positive Auswirkungen auf die Arbeitsatmosphäre, das Team, das Engagement, das Verantwortungsbewusstsein und die Selbstständigkeit der Mitarbeiter*innen. Das Ziel dieser Führung ist es, stets eine positive Resonanz zu erzeugen und eine von **gemeinsamen Werten** getragene Kultur zu schaffen und zu leben (Ruhl, 2013).

Die Aufgabe einer Führungskraft besteht zudem darin, die Mitarbeiter*innen dabei zu unterstützen, ihre (ethischen) **Werte zu realisieren**, und die Empfindung eines sinnvollen Tuns zu fördern, was mitunter auch die Verwirklichung schöpferischer Werte einschließt, z.B. indem der*die Pflegende einer pflegebedürftigen Person einen Spaziergang im Park ermöglicht. Ziel ist es, dass die Mitarbeiter*innen einen Zusammenhang zwischen der eigenen Tätigkeit, „dem individuellen Sinn", und dem „Sinn der Organisation" erkennen und diese miteinander in **Resonanz** treten.

Die Verwirklichung von Werten kann entweder über schöpferisches Tätigsein verwirklicht werden oder durch ein Arbeitsgeschehen, welches das Werteempfinden – im Sinne von **Erlebniswerten** – berührt, wie z.B. das Miteinander am Arbeitsplatz, gegenseitige Rücksichtnahme und Unterstützung oder die wahrgenommene Bedeutung von Arbeitsqualität. Aber auch die Möglichkeit, die eigene Haltung im Sinne von **Einstellungswerten** zu verwirklichen, wie z.B. die Übernahme der Verantwortung für einen Fehler oder das Vorleben von Teamgeist, bedeutet, Werte zu leben. Einer bedrückenden Situation ein „Trotzdem" entgegenzustellen, ist selbst bei fehlenden Möglichkeiten zur Realisierung von schöpferischen Werten und Erlebniswerten eine Möglichkeit, Sinn zu empfinden.

Die Aufgabe einer Führungskraft ist es, den Mitarbeiter*innen zu ermöglichen, den Wert ihres Tätigseins und ihrer Haltungen wahrzunehmen, sowie wertebezogenes Handeln gezielt zu unterstützen – das bedeutet, den Mitarbeiter*innen die Möglichkeit zu schaffen, ihre Werte, Haltungen und Überzeugungen in ihrer beruflichen Tätigkeit zu leben und dadurch **Sinn** zu empfinden. Dafür benötigt die Führungskraft auch Empfänglichkeit für die Sinnanfragen von Mitarbeiter*innen hinsichtlich bestimmter Arbeitssituationen. Da es in hochkomplexen und arbeitsteiligen Systemen (Gesundheitsorganisationen) dazu kommen kann, dass das Individuum (der*die Mitarbeiter*in) die Beziehung zwischen dem eigenen Handeln und der daraus entstehenden „Sache", sprich: die Beziehung zum „großen Ganzen" verliert, ist eine **sinnorientierte Führungskommunikation** von zentraler Bedeutung.

Sinnorientierte Führungskommunikation beschreibt die Kompetenz, den Mitarbeiter*innen die Zusammenhänge über den unmittelbaren Arbeitskontext hinaus darzustellen und ihnen oder der Gruppe (dem Team) dadurch die Einbindung der eigenen Tätigkeiten, des eigenen Handelns und Tuns aufzuzeigen und diese in einen größeren **(Sinn-)Zusammenhang** zu bringen.

Mitarbeiter*innen werden durch die Vielfalt und Ganzheitlichkeit einer Aufgabe, durch möglichst große Selbstständigkeit bei der Aufgabenerfüllung, durch Freiheit für eigenständiges Handeln und die Übernahme von Verantwortung dazu motiviert, die Fähigkeit zur **schöpferischen Realisierung von Werten** im beruflichen Kontext bewusst einzubringen.

Als Führungskraft gilt es, eine **sinnorientierte Arbeitskultur** zu gestalten, indem der gemeinsame Austausch über die individuellen Wertvorstellungen der einzelnen Mitarbeiter*innen in der Gruppe gefördert wird und sowohl Übereinstimmungen als auch Unterschiede zu den Wertvorstellungen der Organisation aufgezeigt werden. Letztlich geht es darum, bei den Mitarbeiter*innen ein Bewusstsein für ihre Werte zu schaffen und diesen im beruflichen Kontext ausreichend Raum und Bedeutung zu geben.

Für die Führungskraft ist es von wesentlicher Bedeutung, die Sinnfindung bei den Mitarbeiter*innen durch eine gezielte **Sinnvermittlung** und das konkrete Ermöglichen von **Sinnentdeckung** zu stärken sowie die motivationale Kraft des Sinnerlebens zu nutzen, da das Sinnempfinden einen überaus bedeutsamen Motivationsfaktor darstellt (Jung, 2020).

Kompetenz zur vertrauensvollen Beziehungsgestaltung

Vertrauen zwischen der Führungskraft und den einzelnen Mitarbeiter*innen bildet die unverzichtbare Grundlage für einen erfolgreichen und dauerhaften Führungsprozess. Vertrauen wird geschaffen, indem die Führungskraft den Mitarbeiter*innen auf **Augenhöhe** begegnet und grundsätzlich **Kooperation** statt immer wiederkehrender Konfrontation anstrebt. Die Mitarbeiter*innen haben das Bedürfnis, dass die Führungskraft deren eigene, **individuelle Persönlichkeit** akzeptiert, die erbrachten Leistungen wahrnimmt, anerkennt und wertschätzt sowie bei aufkommenden Schwierigkeiten oder Herausforderungen intensiv und zuverlässig Unterstützung bietet, auch persönliche Sorgen und Probleme ernst und sich ihrer annimmt (Laufer, 2007).

Führung bedeutet **Beziehungsarbeit**, d. h. die Führungskraft sucht proaktiv den Kontakt und die Beziehung zu den einzelnen Mitarbeiter*innen und gestaltet diese Beziehungen positiv und vertrauensvoll. Die Mitarbeiter*innen haben das Bedürfnis nach sozialem Kontakt zur direkten Führungskraft, nach einem täglichen sowohl beruflichen als auch zwischenmenschlichen Austausch sowie nach einer positiven, vertrauensvollen und tragfähigen Beziehung. Dadurch spielen sowohl die Präsenz der Führungskraft als auch deren tägliche Beziehungsgestaltung eine wesentliche Rolle und bilden die Basis einer erfolgreichen Führungsarbeit (Vathke, 2019).

Wie Sie als Führungskraft die **Beziehung** zu den Mitarbeiter*innen **positiv gestalten** können:

- Führen Sie eine tägliche **Morgenrunde** durch. Dadurch zeigen Sie Ihre Präsenz und Ihre Gesprächsbereitschaft – die Mitarbeiter*innen wissen, dass Sie ihnen zuhören und dass Sie regelmäßig ansprechbar sind, was ihnen wiederum Sicherheit vermittelt.
- Begrüßen Sie die einzelnen Mitarbeiter*innen mit einem **Handschlag.** Durch diese Geste wird ein „echtes" Miteinander-in-Kontakt-Treten geschaffen – ein

solcher Handschlag hat eine symbolische Wirkung für die gemeinsame Zusammenarbeit.
- Suchen Sie gezielt Augenkontakt und halten Sie den **Blickkontakt** aufrecht – oft lässt sich bereits am Blickkontakt erkennen, wie es den einzelnen Mitarbeiter*innen geht.
- Stellen Sie proaktiv **Fragen** zum Vortag – dies zeigt den Mitarbeiter*innen sowohl Ihr fachliches als auch Ihr persönliches Interesse an der Arbeitsleistung.
- **Hören** Sie den Mitarbeiter*innen aktiv zu – dadurch erfahren Sie, was diese beschäftigt und wie es ihnen im Moment geht.
- Treffen Sie direkte **Entscheidungen** – wichtige Themen können entweder sofort geklärt und gelöst oder müssen auf einen späteren Zeitpunkt verschoben werden.
- Behalten Sie das **Ritual** der täglichen Morgenrunde bei – denn Rituale fördern die Kommunikationskultur, geben den Mitarbeiter*innen Orientierung, stärken das Teamgefühl und sind ein Zeichen von Verbundenheit.

(Vathke, 2019)

Nachfolgend einige Möglichkeiten, wie Sie als Führungskraft den Mitarbeiter*innen **Wertschätzung und Anerkennung** entgegenbringen können:

- **Jede mitarbeitende Person ist wichtig**
  Signalisieren Sie den Mitarbeiter*innen klar und verständlich, wie wichtig, wertvoll und unverzichtbar deren eigener Beitrag für die Arbeit ist.
- **Feedback zählt**
  Beobachten Sie aufmerksam und führen Sie mit den Mitarbeiter*innen regelmäßige Feedbackgespräche. Fördern Sie die Mitarbeiter*innen dabei sowohl fachlich als auch persönlich, indem Sie die zwischenmenschliche Beziehung stärken.
- **Interesse und Begeisterung fördern**
  Zeigen Sie insbesondere dann, wenn Mitarbeiter*innen schwierige Situationen gemeistert oder Durchhaltevermögen bewiesen haben, dass Sie als Führungskraft diese Leistung wahrnehmen sowie Wert und Beitrag der Mitarbeiter*innen anerkennen und wertschätzen.
- **Teamzusammenarbeit stärken**
  Schaffen Sie eine Atmosphäre, in der sich die Mitarbeiter*innen im Team offen über individuelle Stärken und Schwächen austauschen können. Fördern Sie deren Fähigkeit, selbstständig Probleme und Konflikte zu lösen und einander bei Schwierigkeiten zu unterstützen.
- **Erleichternde Ausstattung dauerhaft sicherstellen**
  Gehen Sie auf Vorschläge und Ideen der Mitarbeiter*innen hinsichtlich einer arbeitserleichternden Ausstattung ein, wann immer es Ihnen möglich ist.

(Schneider, 2008)

Folgende **Maßnahmen** können Sie als Führungskraft setzen, um eine vertrauensvolle Beziehung zu den Mitarbeiter*innen aufzubauen und kontinuierlich aufrechtzuerhalten:

Kontaktpflege und Vertrautheit

- Kommunizieren Sie die eigene Führungspersönlichkeit, die eigenen Führungsgrundsätze und das eigene Führungsverhalten transparent an die Mitarbeiter*innen.
- Ergreifen Sie jede Gelegenheit für gemeinsame Gespräche.
- Informieren Sie die Mitarbeiter*innen transparent über Arbeitsziele und Rahmenbedingungen.
- Beschränken Sie sich nicht nur auf sachliche Aussagen, sondern kommunizieren Sie auch persönliche Meinungen, Einstellungen und Prinzipien authentisch.
- Beschränken Sie sich nicht nur auf die professionelle Rolle, sondern haben Sie auch den Mut, die eigenen Gefühle und Empfindungen zum Ausdruck zu bringen.
- Sprechen Sie in gemeinsamen Gesprächen nicht nur über berufliche Inhalte und Themen, sondern tauschen Sie sich auch über Privates aus.

Glaubhaftigkeit und Berechenbarkeit

- Seien Sie in Ihrer Persönlichkeit und in Ihrem Verhalten für die Mitarbeiter*innen glaubhaft, authentisch und berechenbar.
- Achten Sie besonders darauf, dass das eigene Führungsverhalten nicht von persönlichen Stimmungsschwankungen beeinflusst wird.
- Sorgen Sie dafür, dass die Mitarbeiter*innen frühzeitig auch über unpopuläre Maßnahmen und Vorhaben informiert werden.
- Halten Sie gemeinsame Vereinbarungen und Zusagen unbedingt ein oder kommunizieren Sie ehrlich und transparent, warum Sie eine Vereinbarung oder Zusage in diesem Fall nicht einhalten können.
- Lassen Sie die von den Mitarbeiter*innen geäußerte Kritik an Ihrer Person oder Ihrem Führungsverhalten zu, setzen Sie sich intensiv damit auseinander und reflektieren Sie ausreichend darüber.
- Sprechen Sie Fehlleistungen offen sowie sachlich an und schaffen Sie eine positive Fehlerkultur.
- Leben Sie eine offene und positive Fehlerkultur vor und seien Sie in diesem Punkt auch ein Vorbild für Ihre Mitarbeiter*innen – geben Sie eigene Fehler oder Irrtümer offen und ehrlich zu.
- Unterbinden Sie gezielt eine Kultur von (auch aufkommenden) Gerüchten im Team.
- Erkennen Sie Leistungen der Mitarbeiter*innen an, wertschätzen Sie diese gezielt und sprechen Sie den Mitarbeiter*innen regelmäßig Lob aus.

Partnerschaftlichkeit, Zuverlässigkeit und Fairness

- Zeigen Sie kontinuierlich aufrichtiges Interesse und Verständnis für die Wünsche, Bedürfnisse und Probleme der Mitarbeiter*innen.
- Bieten Sie zeitnah umfassende Beratung und zuverlässige Unterstützung an, wenn Mitarbeiter*innen Probleme haben.
- Setzen Sie sich kontinuierlich und ernsthaft für die Anliegen und Belange der Mitarbeiter*innen ein.
- Bleiben Sie bei persönlichen Informationen, die Ihnen vonseiten der Mitarbeiter*innen anvertraut wurden, strikt vertraulich und geben Sie diese keinesfalls weiter.
- Besprechen Sie Kritik oder Fehler vertraulich nur unter vier Augen mit der betreffenden Person und keinesfalls vor anderen Personen – es gilt, Kritik oder Fehler immer als Chance zur Verbesserung anzusehen und dies der betreffenden Person auch so zu kommunizieren.
- Sollten Sie von Mitarbeiter*innen über Fehler bei einer bestimmten Person informiert werden, dann sammeln Sie zuerst alle Informationen und Fakten, bevor Sie die betreffende Person darauf ansprechen – übernehmen Sie diese Informationen niemals ungeprüft und unhinterfragt.
- Bieten Sie den Mitarbeiter*innen bei Kritik von außen zuverlässig Rückhalt und Unterstützung.
- Bleiben Sie den Mitarbeiter*innen gegenüber auch bei ärgerlichen Vorkommnissen fair und gerecht.

Vertrauensbeweise

- Bringen Sie den Mitarbeiter*innen Ihr volles Vertrauen entgegen.
- Trauen Sie den Mitarbeiter*innen auch schwierige und verantwortungsvolle Aufgaben zu.
- Zeigen Sie den Mitarbeiter*innen bei Herausforderungen Ihre Zuversicht und machen Sie ihnen Mut.
- Lassen Sie die Mitarbeiter*innen selbstständig arbeiten und haben Sie Vertrauen in deren Fähigkeiten und Kompetenzen.
- Nehmen Sie sowohl Vorschläge als auch Bedenken der Mitarbeiter*innen auf jeden Fall ernst und kümmern Sie sich zuverlässig um ihre Anliegen.
- Erfragen Sie gezielt die Meinung der Mitarbeiter*innen, bevor Sie wichtige Entscheidungen treffen müssen, und beziehen Sie diese so gut wie möglich in die Entscheidungsprozesse ein.
- Müssen Sie unpopuläre Entscheidungen treffen, kommunizieren Sie den Mitarbeiter*innen nachvollziehbar und transparent die Gründe für diese Entscheidung.

- Treffen Sie keinesfalls Entscheidungen, die sich gegen die Meinung und das Interesse der Mitarbeiter*innen richten, ohne dafür einen schwerwiegenden Grund zu haben. Kommunizieren Sie diesen Grund nachvollziehbar und transparent.
- Kontrollieren Sie die Mitarbeiter*innen nur im geringsten notwendigen Ausmaß, um in diesem Kontext trotzdem Ihrer Führungsverantwortung nachzukommen, und ohne den Mitarbeiter*innen dabei das Gefühl zu vermitteln, kein ausreichendes Vertrauen in sie zu haben.

(Laufer, 2007)

Als Führungskraft gilt es, **regelmäßig Einzelgespräche** mit den Mitarbeiter*innen zu führen, um durch die Steigerung der Arbeitszufriedenheit sowohl deren Bindung zu stärken als auch die Identifikation mit der Organisation und den Organisationszielen zu erhöhen. Die größte Herausforderung für Führungskräfte ist es dabei, die Organisationsziele, die eigenen Führungsziele und die individuellen Ziele und Bedürfnisse der einzelnen Mitarbeiter*innen miteinander in Einklang zu bringen. Daher stellen die Rückmeldungen und das Feedback der Mitarbeiter*innen wertvolle Informationen dar, um die Arbeitssituation zu verbessern und die Organisationsentwicklung voranzutreiben (Welk, 2016).

Zusätzlich gilt es, als Führungskraft kontinuierlich **motivierende Gespräche** mit den Mitarbeiter*innen zu führen, da Pflegepersonen, mit denen kontinuierlich motivierend kommuniziert wird, eine deutlich **höhere Arbeitszufriedenheit** aufweisen (Goktas, Gezginci & Kartal, 2022).

Hinsichtlich der ausreichenden Förderung und Weiterentwicklung geben 63% der Pflegepersonen an, sich von der eigenen Führungskraft im Hinblick auf die eigenen Potentiale, Fähigkeiten und Kompetenzen ausreichend gefördert zu fühlen (Gferer & Gferer, 2021).

Anhand von Interviews mit Pflegenden konnten im Rahmen der qualitativen Forschung der Autorin (Gferer, 2020) nachfolgende **zwölf zentrale Führungsqualitäten** identifiziert werden (Tab. 10):

Tab. 10: Führungsqualitäten

Führungsqualitäten
Beachtung eines gegenseitigen **respektvollen und wertschätzenden Umgangs**
Berücksichtigung und Zufriedenstellen der **individuellen Bedürfnisse** der Mitarbeiter*innen
Stärkung des Gemeinschaftsgefühls im Team
Sicherstellung von Rückhalt und Unterstützung – vor allem in schwierigen Situationen
Signalisierung einer kontinuierlichen **Gesprächsbereitschaft**
Gezielte **Förderung und Weiterentwicklung der Mitarbeiter*innen**
Übernahme und Tragen von Verantwortung
Klare Kommunikation der **Erwartungshaltung**
Konsequente Lösungsorientiertheit bei Problemen
Vorleben einer positiven Fehlerkultur
Kontinuierliche Kommunikation mit den Mitarbeiter*innen
Direkte **Unterstützung in der Basisversorgung** – insbesondere bei Personalausfällen

(Eigene Darstellung)

Abschließend gibt es die Möglichkeit, sich im Rahmen einer **Führungsreflexion** (Tab. 11) intensiv mit dem eigenen Führungsverständnis und Führungsverhalten auseinanderzusetzen und dadurch neue Impulse für die Zukunft zu gewinnen.

Tab. 11: Führungsreflexion

Führungsreflexion
Was war Ihre Motivation, eine Führungsposition anzustreben?
Wer war als Führungspersönlichkeit Ihr Vorbild – welche Führungsqualitäten und Führungsschwächen hatte diese Person?
Was bedeutet Führung für Sie persönlich – wie wollen Sie Führung (vor-)leben?
Wie würden Sie Ihr eigenes Führungsverhalten beschreiben und einschätzen?
Was sind Ihre großen Stärken als Führungskraft?
Was würden Sie selbst gerne bei Ihrem Führungsverhalten verändern bzw. verbessern wollen?
Was waren und sind die größten Herausforderungen, die Sie als Führungskraft bewältigt haben und bewältigen?
Aus welchen positiven und negativen Erfahrungen haben Sie persönlich für Ihr weiteres Führungsverhalten gelernt?
Welche Erfolgserlebnisse haben Sie als Führungskraft bisher erlebt und geschafft?
Was motiviert Sie, weiterhin in der Führung zu bleiben – und woraus schöpfen Sie persönlich Ihre Kraft und Energie für diese herausfordernde Aufgabe?
Sind Sie heute die Führungspersönlichkeit, die Sie immer sein wollten – und in welchen Punkten wollen Sie noch über sich selbst hinauswachsen?

(Eigene Darstellung)

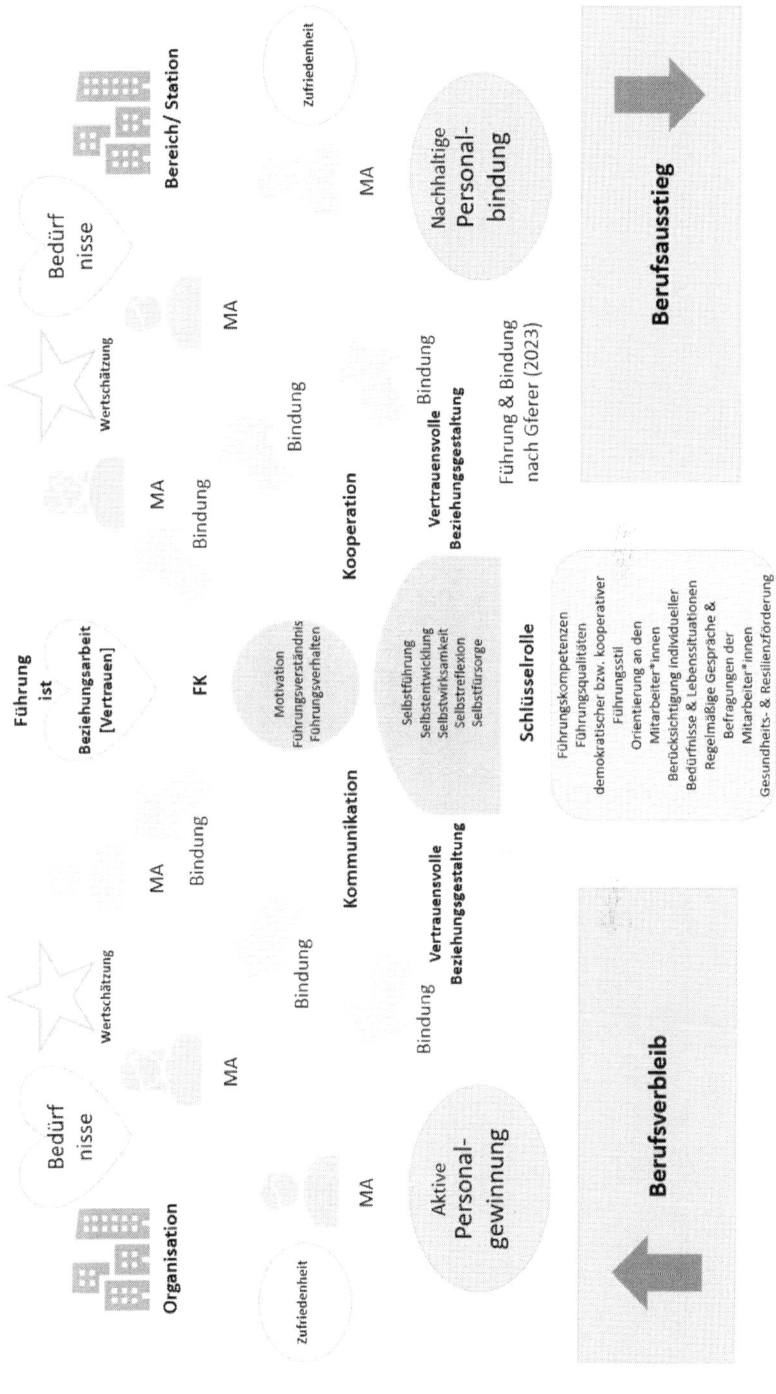

Abb. 22: Mind-Map: Führung und Bindung (eigene Darstellung)

14.4 Checkliste (Lösungsansätze)

In jeder Organisation gibt es unterschiedliche Handlungsfelder: In der einen Organisation sind bestimmte Maßnahmen bereits etabliert und haben sich gut bewährt, in der anderen Organisation besteht noch konkreter Handlungsbedarf. Reflektieren Sie als Stations-, Bereichs- oder Pflegedienstleitung die Rahmenbedingungen und Gegebenheiten auf Ihrer Station, in Ihrem Bereich oder Ihrer Organisation kritisch. Wo besteht noch Handlungsbedarf? Wo lässt sich eine Maßnahme noch optimieren?

Tab. 12: **Führung – Lösungsansätze**

Lösungsansätze	↑↑	↑	✓
Die Führungskraft lebt einen demokratischen bzw. kooperativen **Führungsstil:**			
➨ Angenehme Arbeitsatmosphäre			
➨ Kollegial-kooperatives Gruppenverhalten			
➨ Einbeziehung der Mitarbeiter*innen in Entscheidungsprozesse			
➨ „Wir-Gefühl", gute Zusammenarbeit und starker Zusammenhalt			
➨ Verantwortungsvolles und wertschätzendes Miteinander			
➨ Hohe Motivation und Leistungsbereitschaft sowie Förderung von Potentialen			
➨ Starke Identifikation mit den Aufgaben und Zielen der Organisation			
➨ Hohe Arbeitszufriedenheit			
Die Führungskraft besitzt vielfältige und umfassende **Führungskompetenzen:**			
➨ Empathiefähigkeit			
➨ Kooperationsfähigkeit			
➨ Entscheidungsfähigkeit			
➨ Konfliktfähigkeit			
➨ Kritikfähigkeit			
➨ Teamfähigkeit			
➨ Vertrauensfähigkeit			
➨ Reflexionsfähigkeit			
➨ Belastungsfähigkeit			
➨ Welche Führungskompetenzen sind bei Ihnen besonders stark ausgeprägt?			
➨ Welche Führungskompetenzen möchten Sie noch stärker ausbauen?			
Die Führungskraft besitzt die Kompetenz, eine **vertrauensvolle Beziehung** zu den einzelnen Mitarbeiter*innen aufzubauen und kontinuierlich aufrechtzuerhalten:			
➨ Begegnung auf Augenhöhe, Kooperation als Ziel			
➨ Wertschätzung der Persönlichkeit der einzelnen Mitarbeiter*innen			
➨ Wertschätzung und Anerkennung der Leistungen			
➨ Zuverlässige Unterstützung bei Schwierigkeiten und in Belastungssituationen			
➨ Ernstnehmen persönlicher Sorgen und Probleme sowie intensive Unterstützung			

Lösungsansätze	↑↑	↑	✓

- Was fällt Ihnen leichter und was schwerer bei:
  - Kontaktpflege und Vertrautheit
  - Glaubhaftigkeit und Berechenbarkeit
  - Partnerschaftlichkeit, Zuverlässigkeit und Fairness
  - Vertrauensbeweise			

Die Führungskraft zeichnet sich durch folgende **Führungsqualitäten** aus:			
- Beachtung eines gegenseitigen respektvollen und wertschätzenden Umgangs			
- Berücksichtigung und Zufriedenstellen der individuellen Bedürfnisse der Mitarbeiter*innen			
- Stärkung des Gemeinschaftsgefühls im Team			
- Sicherstellung von Rückhalt und Unterstützung – vor allem in schwierigen Situationen			
- Signalisierung einer kontinuierlichen Gesprächsbereitschaft			
- Gezielte Förderung und Weiterentwicklung der Mitarbeiter*innen			
- Übernahme und Tragen von Verantwortung			
- Klare Kommunikation der Erwartungshaltung			
- Konsequente Lösungsorientiertheit bei Problemen			
- Vorleben einer positiven Fehlerkultur			
- Kontinuierliche Kommunikation mit den Mitarbeiter*innen			
- Direkte Unterstützung in der Basisversorgung – insbesondere bei Personalausfällen			
Das **Führungsverhalten** weist eine hohe Aufgaben- und Mitarbeiterorientierung auf (Team-Management):			
- Anerkennung der Mitarbeiter*innen als entscheidenden Erfolgsfaktor			
- Starkes Teamwork und Zusammengehörigkeitsgefühl, gegenseitige Unterstützung			
- Achtung, Wertschätzung und gegenseitiges Vertrauen im Team			
- Das Team profitiert von den unterschiedlichen Stärken der einzelnen Teammitglieder			
- Hohe Motivation und großes Engagement			
- Große Leistungsbereitschaft im Team			
- Ausgewogenheit und Übereinstimmung zwischen Mitarbeiter*innen und deren Aufgaben			
- Oberstes Ziel ist, gemeinsam die beste Lösung für alle Beteiligten zu finden			
- Wie würden Sie Ihr eigenes Führungsverhalten einschätzen?			
Die Führungskraft führt anhand des **Reflexionsbogens** eine selbstkritische Reflexion über das eigene Führungsverhalten durch:			
- Wie ist derzeit Ihre Motivation (1–10)?			
- Wie schätzen Sie Ihren Führungsstil ein (demokratisch bzw. kooperativ)?			
- Wie schätzen Sie Ihr Führungsverhalten ein (Team-Management)?			
- Welche Führungskompetenzen sind leichter bzw. schwieriger umzusetzen?			
- Welche Führungsqualitäten sind leichter bzw. schwieriger umzusetzen?			

Lösungsansätze	↑↑	↑	✔
➨ Was sind Ihre Stärken und welche Verbesserungspotentiale sehen Sie (Nah- und Fernziele)?			
➨ Welche Situationen meistern Sie gut (Erfolgserlebnisse) und welche sind besonders herausfordernd?			
➨ Achten Sie ausreichend auf Ihre eigene psychische und physische Gesundheit (Bewältigungsstrategien – Stichwort: Resilienz)?			
Die Führungskraft fördert eine hohe **Arbeitszufriedenheit** bei den Mitarbeiter*innen:			
➨ Regelmäßige Mitarbeitergespräche			
➨ Regelmäßige Mitarbeiterbefragungen durch die Organisation			
➨ Womit sind Ihre Mitarbeiter*innen besonders zufrieden?			
➨ Womit sind Ihre Mitarbeiter*innen besonders unzufrieden?			
➨ Gezielte Stärkung der psychischen und physischen Gesundheit und Resilienz			
➨ Entwicklung gemeinsamer Werte mit dem Team und Achten auf deren Einhaltung			
➨ Kenntnis der Teambildungsphasen, Einschätzen der je aktuellen Phase und der daraus erwachsenden Anforderungen			
➨ Erkennen von Konflikten im Team und Setzen konkreter Gegenmaßnahmen			
➨ Gezielter Einsatz von Maßnahmen zur Stärkung der Teambildung			
➨ Positive Gestaltung von Teambildung und „Wir-Gefühl", Förderung starken Teamzusammenhalts			
➨ Berücksichtigung individueller Bedürfnisse und Lebenssituationen, zuverlässige Unterstützung in schwierigen Situationen			
Die Führungskraft ist in der Lage, eine stabile **Personalsituation** aufrechtzuerhalten bzw. herbeizuführen:			
➨ Besteht eine stabile Personalsituation oder eine hohe Personalfluktuation? Ursachen?			
➨ Schaffen Sie es, neue Mitarbeiter*innen für den eigenen Bereich zu gewinnen? Welche Strategien wenden Sie an?			
➨ Können Sie vorhandene Mitarbeiter*innen erfolgreich an den eigenen Bereich binden? Welche Strategien wenden Sie an?			
➨ Welche Maßnahmen müssen Sie noch setzen, um Ihre Mitarbeiter*innen nachhaltig zu binden? (Attraktivitätsmerkmale, Anreizsysteme)			

↑↑ Nicht etabliert, es besteht Handlungsbedarf
↑ Etabliert, aber es besteht Optimierungsbedarf
✔ Etabliert und hat sich bereits gut bewährt

(Eigene Darstellung)

15 Orientierung an den Mitarbeiter*innen (Faktor für einen Berufsverbleib)

15.1 Förderung von Mitarbeiter*innen (Potentialfeld)

Gesundheits- und Krankenpfleger*innen wünschen sich, mehr Schulungen zu erhalten, kontinuierlich ihre Kompetenzen erweitern zu können und die Möglichkeit zu haben, sich innerhalb der Organisation zu verändern oder weiterzuentwickeln.

> „Es ist sehr wichtig, finde ich, dass ein Mitarbeiter gefördert wird, wenn er den Wunsch hat, sich zu schulen, sich zu verbessern ... dass die Mitarbeiter ausreichend geschult werden, immer wieder ihre Kompetenzen erweitern können oder sich innerbetrieblich verändern können."

Pflegende wünschen sich, von der Organisation und der eigenen Führungskraft gezielt in den individuellen Fähigkeiten und Potentialen gefördert zu werden. Eine umfassende Förderung, Möglichkeiten zur Weiterentwicklung sowie berufliche Perspektiven vonseiten der Organisation und der eigenen Führungskraft wirken sich positiv auf einen langfristigen Berufsverbleib aus.

Führungsverhalten, das geprägt ist von **Wertschätzung, Feedback und Förderung,** bildet die Grundlage für eine hohe Motivation der Mitarbeiter*innen, die sich wiederum positiv auf deren Arbeitszufriedenheit und Leistungsbereitschaft auswirkt und sich im Arbeitsergebnis sowohl quantitativ als auch qualitativ bemerkbar macht. Im Gegensatz dazu führt die fehlende Befriedigung der Bedürfnisse nach Leistung, Anerkennung, Befugnissen und Selbstverwirklichung zu einer Verringerung der Arbeitszufriedenheit und der Leistungsbereitschaft sowie in weiterer Folge zu einer „inneren Kündigung", einem Arbeitsplatzwechsel oder Berufsausstieg (Lieb, 2010).

Für eine Organisation stellen vor allem jene Mitarbeiter*innen, die zu den sogenannten **„High Potentials"** gehören, in Bezug auf das Verlassen der Organisation eine große Risikogruppe dar. Daher gilt es, diesen Mitarbeiter*innen von Anfang an besonders interessante und herausfordernde Aufgaben zu übertragen, sie im Rahmen von Mentoring-Programmen intensiv zu betreuen und potentialorientiert zu fördern, zu entwickeln sowie berufliche Perspektiven zu bieten. Besonders gut und hoch ausgebildete Mitarbeiter*innen erwarten, am Arbeitsplatz in Entscheidungen miteinbezogen zu werden und grundsätzlich selbstständig arbeiten zu können. Diese Mitarbeiter*innen brauchen eine Führungskraft, die einen demokratischen bzw. kooperativen Führungsstil lebt und Mitgestaltung sowie Eigenständigkeit ermöglicht. Einen demokratischen bzw. kooperativen Führungsstil zu leben, stellt die unabdingbare

Grundvoraussetzung dar, um hochqualifizierte Mitarbeiter*innen dauerhaft an die Organisation zu binden (Flato & Reinbold-Scheible, 2009; Hofbauer & Kauer, 2021).

15.2 Zufriedenheit von Mitarbeiter*innen (Potentialfeld)

Pflegepersonen wünschen sich, dass die Zufriedenheit der Mitarbeiter*innen für die Organisation und die eigene Führungskraft ein zentrales Anliegen darstellt und dass beide stets bestrebt sind, die Arbeitszufriedenheit anhand von regelmäßigen Befragungen und Einzelgesprächen sowie durch Maßnahmen zur Verbesserung der Arbeitssituation stetig zu erhöhen.

> „Dass das Personal im Großen und Ganzen halt zufrieden ist, das, denke ich, ist ganz wichtig. Wenn das Personal zufrieden ist, dann fällt einem auch das Arbeiten leichter. Wenn das Personal zufrieden ist, gut gelaunt ist – das sehen die Patienten natürlich sofort, und dann, denk ich, fühlen sich auch die Patienten sicherer und in guten Händen. Und ich denk, das wirkt sich natürlich positiv aus."

Die stetige Verbesserung der Arbeitssituation, die gezielte Berücksichtigung individueller Bedürfnisse und Lebenssituationen sowie die Stärkung der Arbeitszufriedenheit stellen einen entscheidenden Faktor für den weiteren Berufsverbleib dar.

Einer der wichtigsten Schwerpunkte von Führungskräften besteht darin, die **Arbeitszufriedenheit** der Mitarbeiter*innen zu steigern und dadurch deren langfristige Bindung an die eigene Station, den eigenen Bereich und die eigene Organisation zu erzielen. In diesem Kontext sind vor allem die Übereinstimmung von Erwartungen, Zusagen und Realität, die Arbeitsbedingungen, die Vereinbarkeit von Familie bzw. Privatleben und Beruf, das Führungsverhalten der Führungskraft sowie Weiterbildungsmöglichkeiten und Aufstiegschancen entscheidend. Als Führungskraft gilt es, sich ausreichend Zeit für einen regelmäßigen Austausch mit den einzelnen Mitarbeiter*innen und dem Team zu nehmen sowie **regelmäßige Mitarbeiter- und Feedbackgespräche** zu führen. Die Führungskraft hat stets darauf zu achten, die Mitarbeiter*innen in die Dienstplangestaltung miteinzubinden, familienfreundliche Arbeitszeiten zu schaffen, die Aufrechterhaltung der Work-Life-Balance zu stärken und eine gesundheitsfördernde Arbeitsgestaltung sicherzustellen, um die Mitarbeiter*innen langfristig und nachhaltig an die Organisation zu binden (Freund & Mischer, 2016).

Einen **positiven Einfluss** auf die Arbeitszufriedenheit haben vor allem Faktoren wie:

- Leistungsgerechte Entlohnung
- Erfüllung von Grundbedürfnissen
- Möglichkeit zur Weiterentwicklung
- Berufliche Perspektiven und Aufstiegsmöglichkeiten

- Gute Zusammenarbeit im Team
- Möglichkeit zu Mitbestimmung und Mitgestaltung
- Demokratischer bzw. kooperativer Führungsstil
- Positive Konflikt-, Fehler- und Organisationskultur
- Bedürfnisorientierte Dienstplangestaltung
- Schaffung von Anreizsystemen für besondere Leistungen
- Stabilität des Arbeitsumfeldes
- Stabilität des Teams
- Gesundheitsfördernde Maßnahmen
- Angebot von sozialen Leistungen sowie Zusatzleistungen

(Wehner, 2015)

Einen Einfluss auf die Arbeitszufriedenheit der Mitarbeiter*innen haben zudem auch das **Leitbild**, die **Werte und Normen** sowie die Visionen und Ziele der betreffenden Organisation. Mitarbeiter*innen, die eine hohe Arbeitszufriedenheit aufweisen, sind motiviert, zeigen große Einsatz- und Leistungsbereitschaft, kooperieren im Team, leben eine wertschätzende und respektvolle Kommunikation, haben Interesse an einer persönlichen und beruflichen Weiterentwicklung, nehmen an einer aktiven Konfliktarbeit teil und weisen weniger Krankenstände auf. Zufriedene Mitarbeiter*innen können mit Stress-, Beschwerde- und Konfliktsituationen besser umgehen und bleiben auch trotz des Auftretens solcher Situationen in der Organisation. Mitarbeiter*innen, die zufrieden sind und das Gefühl haben, wahrgenommen, wertgeschätzt und respektiert zu werden, sind die besten Werbeträger*innen für ihre Organisation, weil sie eine positive Öffentlichkeits- und Imagearbeit für sie leisten. Deshalb gilt es vonseiten der Organisation, der Arbeitszufriedenheit der Mitarbeiter*innen eine hohe Priorität zukommen zu lassen und sie stetig zu verbessern, wobei vor allem **Befragungen von Mitarbeiter*innen** wertvolle Impulse geben können. Regelmäßige Befragungen zum Arbeitsklima und zur Arbeitszufriedenheit stellen gute Instrumente für eine aktive Organisationsentwicklung dar. In den Organisationen und Organisationseinheiten, in denen eine **hohe Arbeitszufriedenheit** gegeben ist, kommt es zu **weniger Konflikten** im Team, zu weniger Konflikten mit den Pflegebedürftigen und Angehörigen, zu **weniger Krankenständen** beim Personal und zu einer **geringeren Personalfluktuation**.

Einen **negativen Einfluss** auf die Arbeitszufriedenheit haben vor allem Faktoren wie:

- Hohe Stressbelastung
- Negatives Arbeitsklima
- Verschiedene Gesundheitsrisiken
- Hohe Personalfluktuation
- Bestehender Personalmangel

Merkmale eines **negativen Arbeitsklimas** sind:

- Konflikte und Konkurrenzdenken im Team
- Fehlende bzw. geringe Kooperationsbereitschaft im Team
- Unklare Aufgaben- und Kompetenzbereiche
- Unklare Abläufe und Strukturen
- Autoritärer oder Laissez-faire-Führungsstil
- Starke hierarchische Ordnung

Die **Auswirkungen** eines negativen Arbeitsklimas sind:

- Großes Konfliktpotential am Arbeitsplatz
- Mehr Krankenstände
- Erhöhtes Mobbing- sowie Burn-out-Risiko
- Arbeitsplatzwechsel oder Kündigung
- Hohe Personalfluktuation

(Wehner, 2015)

Es besteht ein deutlicher Zusammenhang zwischen der **Arbeitszufriedenheit** und der Absicht, den **Pflegeberuf** zu verlassen – je geringer die Arbeitszufriedenheit der Pflegepersonen ist, desto höher ist die Bereitschaft, aus dem Pflegeberuf auszusteigen. Umgekehrt: Je höher die Arbeitszufriedenheit ist, desto weniger beabsichtigen Pflegepersonen, den Beruf zu verlassen (Hasselhorn et al., 2005).

15.3 Bindung von Mitarbeiter*innen (Potentialfeld)

Pflegepersonen wünschen sich, dass die Organisation und die eigene Führungskraft den Fokus stärker auf eine langfristige Bindung von Mitarbeiter*innen legen und identifizieren, welche Bedürfnisse sie hinsichtlich ihrer Arbeitssituation haben und welche konkreten Maßnahmen sich zur Verbesserung der Arbeitszufriedenheit ableiten lassen.

> „Prinzipiell wäre es wichtig, dafür zu sorgen, dass die Pflegekräfte in ihrem Beruf bleiben, dass man ein gutes Stammpersonal hat, das einfach gut funktioniert, sage ich einmal, und dass jeder seine Arbeit gut leisten kann. Also, es wäre wichtig, dass man dafür sorgt, dass die Pflegekräfte eben doch auf den Stationen bleiben."

Durch gezielte Maßnahmen zur nachhaltigen Bindung von Mitarbeiter*innen wird einerseits die Personalfluktuation reduziert und andererseits der langfristige Verbleib von Pflegenden gestärkt, sodass die Entstehung von „Kernteams" mit einer hohen Fachexpertise und einem starken Teamzusammenhalt in den einzelnen Organisationseinheiten ermöglicht wird.

> „Ich denk einfach, dass man den Beruf viel attraktiver machen könnte, dass auch dementsprechend mehr Pflegepersonen im Beruf bleiben würden, wenn man auf die Anliegen eingehen würde, wenn Arbeitgeber vielleicht eruieren würden, was auf den Stationen oder insgesamt in der Institution fehlt, was man verbessern könnte. Also, wenn man direkt da nachfragt, wo eigentlich die Defizite sind, und vielleicht daran arbeitet. Dass man auf das, was fehlt, eingeht und versucht, das so zu verändern oder zu verbessern, damit einfach das allgemeine Wohl beachtet wird."

Wird vonseiten der Organisation und der eigenen Führungskraft der Fokus auf die Orientierung an den Mitarbeiter*innen gelegt – mit dem Ziel einer starken Bindung derselben –, wird die Möglichkeit geschaffen, mehr auf die Anliegen, Bedürfnisse und Wünsche von Pflegepersonen einzugehen und dadurch die Arbeitszufriedenheit zu verbessern, um die Pflegenden langfristig im Pflegeberuf zu halten.

Die Mitarbeiter*innen legen großen Wert auf das Arbeitsklima, das Image einer Organisation und die individuellen **Chancen,** sich dort zu **verwirklichen**. Ihnen ist es zudem wichtig, in der eigenen Organisation mitgestalten und sich mit den Werten und Zielen identifizieren zu können (Meißner, 2010).

Eine erfolgreiche Personalbindung beinhaltet vielfältige Maßnahmen, Aktivitäten und Strategien vonseiten der Organisation, welche das Ziel verfolgen, die **Arbeitszufriedenheit** der Mitarbeiter*innen zu erhöhen und Anreize für einen langfristigen Verbleib zu schaffen. Zufriedene Mitarbeiter*innen werden auch weiterhin in der Organisation bleiben, und unzufriedene Mitarbeiter*innen werden früher oder später die Organisation verlassen.

Für eine erfolgreiche Personalbindung ist es zudem von besonderer Bedeutung, eine glaubwürdige und vertrauensvolle **Organisations- und Führungskultur** zu leben. Die Organisationskultur definiert die Art und Weise, wie die Menschen in einer Organisation miteinander umgehen, denken und handeln und welche Wertschätzung die Mitarbeiter*innen für ihre Leistungen erhalten. Eine hohe Personalfluktuationsrate schädigt das Image und die Außenwirkung einer Organisation und führt wiederum dazu, dass die Personalgewinnung und langfristige Personalbindung erschwert werden. Die langfristige und erfolgreiche Personalbindung steht und fällt mit der gelebten Kultur in der Organisation und mit dem Selbstverständnis im Umgang mit den Mitarbeiter*innen (Flato & Reinbold-Scheible, 2008).

Personalbindung bedeutet zudem, als Organisation die Mitarbeiter*innen dort abzuholen, wo sie sind, dort hinzuführen, wo sie am besten hineinpassen, sich um die individuellen **Bedürfnisse** und Belange der Mitarbeiter*innen zu kümmern und ihre **Lebenssituation** mitzuberücksichtigen. Je enger die Maßnahmen zur Bindung von Mitarbeiter*innen an deren konkreten Bedürfnissen und Interessen anknüpfen, desto wirksamer sind sie. Insbesondere die **soziale Bindung** von Mitarbeiter*innen hat eine langfristige und nachhaltige Wirkung (Loffing & Loffing, 2010).

Es sind vor allem die Arbeitsinhalte und sozialen Beziehungen am Arbeitsplatz, die einen starken Einfluss auf die Bindung von Mitarbeiter*innen ausüben. Werden sie positiv erlebt, steigt das **affektive Commitment** der Mitarbeiter*innen. Werden sie negativ erlebt, verstärkt sich die Kündigungsabsicht. Insgesamt zeigt sich, dass positive soziale Beziehungen, Variabilität von Arbeitsinhalten und -aufgaben sowie ein großer Handlungs- und Gestaltungsspielraum am Arbeitsplatz die Bindung von Mitarbeiter*innen an die Organisation stärken (Stempel & Dettmers, 2018).

Um eine hohe **Arbeitszufriedenheit** und langfristige **Bindung** von Mitarbeiter*innen zu erzielen, gilt es vonseiten der Organisation, folgende Aspekte in den Fokus zu nehmen:

- Umfassende und strukturierte Einarbeitung von neuen Mitarbeiter*innen durch Mentoring-Programme
- Vielseitige und interessante Aufgaben- und Tätigkeitsbereiche
- Ausreichende Handlungs- und Entscheidungsspielräume
- Gutes Arbeitsklima
- Gezielte Maßnahmen zur Teamentwicklung
- Soziale Kontakte am Arbeitsplatz
- Weiterentwicklungsmöglichkeiten und Karrierechancen innerhalb der Organisation
- Flexible Arbeitszeiten
- Vereinbarkeit von Familie bzw. Privatleben und Beruf
- Förderung der Work-Life-Balance
- Angebote zur Gesundheitsförderung

(Loffing & Loffing, 2010; Lüthy, 2012)

Die Entwicklung und Etablierung einer Organisationskultur, in der die **Orientierung an den Mitarbeiter*innen** einen besonders hohen Stellenwert einnimmt, bildet die Grundvoraussetzung für eine hohe Arbeitszufriedenheit und langfristige Bindung (Loffing & Loffing, 2010; Lüthy, 2012).

15.4 Gesundheitsförderung (Potentialfeld)

Gesundheits- und Krankenpfleger*innen wünschen sich, dass die Organisation und die eigene Führungskraft stärker auf die Gesundheit der Mitarbeiter*innen achten und dass eine gezielte Gesundheitsförderung bereits mit dem Berufseinstieg beginnt und über das gesamte Berufsleben hinweg aufrechterhalten wird.

„Derzeit wird in die Gesundheitsförderung der Mitarbeiter einfach zu wenig investiert."

„... dass man schon von früh auf beginnt, auch bei jungen Kollegen, dass da die Gesundheitsförderung mehr im Vordergrund steht."

„... dass auf die Gesundheit der Mitarbeiter mehr geachtet wird, einerseits durch Zurverfügungstellen von mehr Hilfsmitteln, aber auch durch mehr Schulungen in diesem Bereich: Wie gehe ich persönlich mit meiner körperlichen Gesundheit um, wie kann ich meine Gesundheit verbessern?"

Den Pflegepersonen ist es ein Anliegen, dass auch mehr auf die Gesunderhaltung und Arbeitsfähigkeit älterer Mitarbeiter*innen geachtet und auf deren altersbedingte Belastungsgrenzen ausreichend Rücksicht genommen wird. Dazu gehört auch die Schaffung verschiedener Modelle hinsichtlich Arbeitszeit oder Arbeitseinsatz. Für das Pflegepersonal ist die Gesundheitsförderung ein zentrales Bedürfnis insbesondere im Hinblick auf die Erhaltung der eigenen psychischen und physischen Gesundheit und der Arbeitsfähigkeit bis zur Pensionierung. Pflegende möchten ihre Gesundheit und Arbeitsfähigkeit verständlicherweise bis ins (Pensions-)Alter aufrechterhalten und mit einem guten Gesundheitszustand in die Pension gehen. Die gezielte, ganzheitliche und kontinuierliche Gesundheitsförderung durch die Organisation und die eigene Führungskraft wirkt sich positiv auf einen langfristigen Berufsverbleib aus.

Es gilt daher, auf Organisations- und Führungsebene den Schwerpunkt stärker auf die (physische und psychische) Gesundheitsförderung der Mitarbeiter*innen zu legen, da Pflegedienstleitungen die Gesundheitsförderung von Mitarbeiter*innen nicht explizit als zentrale Führungsaufgabe angeben (Bußler, Gregersen & Nienhaus, 2016).

Gesundheitsförderndes Führungsverhalten zeichnet sich durch eine wertschätzende, kommunikative und authentische Führungspersönlichkeit mit dem Fokus auf einer vertrauensvollen Beziehungsgestaltung mit den einzelnen Mitarbeiter*innen aus. Insbesondere Aspekte wie soziale Unterstützung, Partizipation, Aufgaben- und Rollenklarheit, ausreichende Entscheidungs- und Handlungsspielräume sowie die bewusste Reduzierung von Stressoren oder Überforderung sind charakteristisch für ein gesundheitsförderndes Führungsverhalten.

Führungskräfte können die Gesundheit der Mitarbeiter*innen grundsätzlich durch eine vertrauensvolle Beziehungsgestaltung sowie die **Gestaltung der Arbeitsbedingungen** im Sinne einer Ausgewogenheit von Anforderungen und Ressourcen positiv beeinflussen. Sie beeinflussen über die Zuweisung von Arbeit und die Bereitstellung von Ressourcen direkt die Möglichkeit zur Bewältigung der Arbeit. Die Ausgewogenheit variiert dabei individuell je nach Person und derzeitiger Lebenssituation (Wirth, Jalass, Ruppert, Büscher & Hülsken-Giesler, 2022).

Dies bedeutet, **gesundheitsförderndes Führungsverhalten** zielt grundsätzlich immer auf die gesundheitsfördernde Gestaltung der Arbeitsbedingungen ab. Im Hinblick auf die Mitarbeiter*innen heißt das:

- Adäquate Personalbesetzung
- Transparenz von Führungsentscheidungen
- Respektvoller und gerechter Umgang
- Soziale Unterstützung
- Einbeziehung bei wichtigen Entscheidungen
- Förderung und Weiterentwicklung
- Schaffung von klaren Strukturen und Abläufen
- Stärkung der gemeinsamen Zusammenarbeit
- Vereinbarung von konkreten Arbeitsaufgaben und -inhalten
- Bereitstellung von Hilfsmitteln zur Erleichterung der Pflegetätigkeiten
- Vielfältige Angebote zur Gesundheitsförderung in Form von
  - verhaltensorientierten Maßnahmen wie Sportprogramme, Kurse zur Entspannung, Stressbewältigungsstrategien, Zeitmanagement etc.
  - verhältnisorientierten Maßnahmen wie gezielte Ergonomieberatung, gesundes Essen am Arbeitsplatz etc.

(Bußler, Gregersen & Nienhaus, 2016)

Führungskräfte können zudem eine **gesundheitsfördernde Pausenkultur** schaffen, indem sie den Mitarbeiter*innen einen separaten Raum zur Verfügung stellen, der ausschließlich für die Pausennutzung gedacht ist und dadurch die Möglichkeit eines Rückzugsortes schafft. Die Gestaltung dieses Raums wird den Mitarbeiter*innen überlassen als Zeichen der Anerkennung und Wertschätzung für deren Leistungserbringung. Die Führungskraft initiiert proaktiv in regelmäßigen Zeitabständen ein „Gesundheitsfrühstück" in diesem Pausenraum und fördert damit das Zusammenkommen als Team sowie den regelmäßigen kollegialen Austausch (Bendig, 2017).

Insgesamt gilt es, die Stärkung der individuellen Ressourcen und **Gesundheitskompetenzen** von Pflegepersonen in Form von vielfältigen Schulungen zu forcieren, deren Inhalte eine gesundheitsfördernde Arbeitsgestaltung, rückenfreundliche Arbeitsmethoden, Burn-out-Prävention sowie der professionelle Umgang mit Konflikten und Gewaltsituationen sind (BMSGPK, 2021).

Einen **negativen Einfluss** auf die Gesundheitsförderung haben insbesondere:

- Unzureichende Personalbesetzung
- Fehlende Zeitressourcen
- Ökonomisierung im Gesundheitswesen

- Fehlende finanzielle Ressourcen
- Unzureichende Möglichkeiten, regelmäßig Gesundheitsförderungsangebote in Anspruch zu nehmen

Es ist von zentraler Bedeutung, den Mitarbeiter*innen bereits frühzeitig eine gezielte Gesundheitsförderung zukommen zu lassen (Bußler, Gregersen & Nienhaus, 2016).

Besonders wenn sich Belastungssituationen zuspitzen, kommt der Führungskraft bei der Gesundheitsförderung eine wichtige Rolle zu. Es gilt dann, besonderes Augenmerk auf die **psychische Gesundheit** der Mitarbeiter*innen zu legen. Hierfür braucht es eine offene und vertrauensvolle Beziehung zur Führungskraft, damit Mitarbeiter*innen den Mut haben, offen über psychische Belastungen zu sprechen (Stange, Mümken, Koppelin & Gerdau-Heltmann, 2022; Wirth, Jalass, Ruppert, Büscher & Hülsken-Giesler, 2022).

Als Führungskraft ist es letztendlich auch besonders wichtig, im Sinne der **Selbstfürsorge** achtsam und sorgsam mit der eigenen Gesundheit umzugehen und die eigene Gesundheitsförderung nicht zu vernachlässigen (Wirth, Jalass, Ruppert, Büscher & Hülsken-Giesler, 2022).

15.5 Exkurs: Die Bedürfnispyramide

Überträgt man die Bedürfnispyramide nach Maslow (1943)[5] auf das **Arbeitsumfeld** (Abb. 23), bedeutet dies für Sie als Führungskraft, auf folgende Bedürfnisse der Mitarbeiter*innen besonders zu achten, um eine **gesundheitsfördernde Führung** sicherzustellen (Freund, Zweiniger & Birkenfeld, 2016):

1. **Physiologische Bedürfnisse**
   Gesunder Arbeitsplatz, geregelte Arbeitszeiten, ausreichend Erholungsphasen, ausreichend Raum für die Freizeitgestaltung, leistungsgerechte Bezahlung
2. **Sicherheitsbedürfnisse**
   Arbeitsplatzsicherheit, Arbeitsschutzregelungen, Altersvorsorge
3. **Soziale Bedürfnisse**
   Soziale Kontakte am Arbeitsplatz, Wahrgenommenwerden als Mensch und nicht nur als Arbeitskraft, vertrauensvolle Zusammenarbeit, Stärkung des „Wir-Gefühls", Raum und Zeit für soziale Kontakte und Austausch, regelmäßige Feste und Veranstaltungen für das Team
4. **Bedürfnis nach Wertschätzung**
   Fort- und Weiterbildungsmaßnahmen, Aufstiegsmöglichkeiten, Beförderung, demokratischer bzw. kooperativer Führungsstil, positives Feedback, Wert-

5 Zit. nach Freund, Zweiniger & Birkenfeld, 2016.

schätzung und Anerkennung vonseiten der Führungskraft, Transparenz in der Führung und bei diversen Prozessen, aktive Beteiligung an Prozessen, Entscheidungen und Veränderungen

5. **Bedürfnis nach Selbstverwirklichung**
   Flexible Arbeitsstrukturen, Partizipation, fordernde und fördernde Führung, Gestaltungsspielraum, Fort- und Weiterbildung, Karriereplanung

(Freund, Zweiniger & Birkenfeld, 2016)

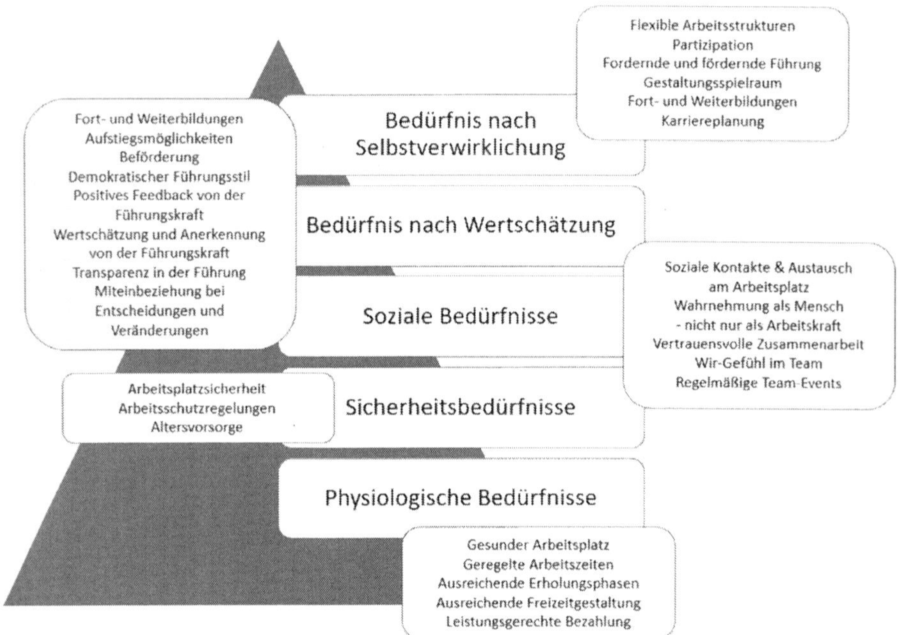

Abb. 23: **Bedürfnispyramide nach Maslow (adaptiert nach Freund, Zweiniger & Birkenfeld, 2016)**

15.6 Checkliste (Lösungsansätze)

In jeder Organisation gibt es unterschiedliche Handlungsfelder: In der einen Organisation sind bestimmte Maßnahmen bereits etabliert und haben sich gut bewährt, in der anderen Organisation besteht noch konkreter Handlungsbedarf. Reflektieren Sie als Stations-, Bereichs- oder Pflegedienstleitung die Rahmenbedingungen und Gegebenheiten auf Ihrer Station, in Ihrem Bereich oder Ihrer Organisation kritisch. Wo besteht noch Handlungsbedarf? Wo lässt sich eine Maßnahme noch optimieren?

Tab. 13: **Orientierung an den Mitarbeiter*innen – Lösungsansätze**

Lösungsansätze	↑↑	↑	✓
Organisation und Führungskraft legen einen starken Fokus auf die kontinuierliche **Förderung von Mitarbeiter*innen**:			
➨ Intensive Unterstützung durch Mentoring-Programme			
➨ Forderung, Förderung und regelmäßiges Feedback			
➨ Übertragen besonders interessanter und herausfordernder Aufgaben			
➨ Individuelle und potentialorientierte Förderung			
➨ Frühzeitiges Anbieten beruflicher Perspektiven			
➨ Möglichkeit, aktiv mitzugestalten und mitzuentscheiden			
➨ Selbstständiges, eigenverantwortliches Arbeiten und großer Handlungsspielraum möglich			
➨ Regelmäßige Fort- und Weiterbildungen			
➨ Stetige Erweiterung von Wissen und Kompetenzen durch Lernangebote und Lernsettings			
➨ Frühzeitiges Erkennen des Potentials der Mitarbeiter*innen, individuelle Förderung			
➨ Berufliche Weiterentwicklung und Selbstverwirklichung der Mitarbeiter*innen sind wichtig			
➨ Individuelle Weiterentwicklung je nach Interessengebiet, Fähigkeiten, Kompetenzen und Potentialen möglich			
➨ Frühzeitige Karriereberatung, Vereinbarung konkreter Schritte zur Karriereplanung mit verlässlicher Umsetzung			
Organisation und Führungskraft rücken die stetige **Verbesserung der Arbeitszufriedenheit** von Mitarbeiter*innen in den Mittelpunkt:			
➨ Angenehme Arbeitsatmosphäre, gute Zusammenarbeit, kaum Konflikte (**Arbeitsklima**)			
➨ Gegenseitige Wertschätzung, Respekt, Anerkennung und Unterstützung (**Team**)			
➨ Demokratischer bzw. kooperativer Führungsstil, regelmäßige Mitarbeitergespräche (**Führung**)			
➨ Vertrauensvolle Beziehung zu den Mitarbeiter*innen, Berücksichtigung ihrer Bedürfnisse und Lebenssituationen (**Führung**)			
➨ Wahrnehmung der Mitarbeiter*innen als Menschen mit Bedürfnissen und nicht ausschließlich als Arbeitskräfte (**Wertschätzung**)			
➨ Wertschätzung, Anerkennung und Dankbarkeit für erbrachte Leistungen (**Wertschätzung**)			
➨ Berufliche Perspektiven und Weiterentwicklungsmöglichkeiten gegeben (**Selbstverwirklichung**)			
➨ Angebote zur psychischen und physischen Gesundheits- und Resilienzförderung (**Gesundheitsförderung**)			
➨ Gute Vereinbarkeit von Familie und Beruf (**Familie und Beruf**)			
➨ Sicherstellung der Work-Life-Balance (**Work-Life-Balance**)			

Lösungsansätze	↑↑	↑	✓
▸ Dienstplangestaltung gemeinsam mit den Mitarbeiter*innen, Berücksichtigung der individuellen Lebenssituation, zuverlässige Dienstplansicherheit (**Dienstplansicherheit**)			
▸ Verteilung von Aufgaben, Rollen und Verantwortlichkeiten, jedoch großer Spielraum bei der Arbeitsgestaltung (**Arbeitsgestaltung**)			
▸ Leistungsgerechte Entlohnung (**Entlohnung**)			
▸ Regelmäßige Mitarbeiterbefragungen (**Organisationsentwicklung**)			
▸ Fokus auf stabiler Personalsituation innerhalb des eigenen (Führungs-) Bereichs (**Personalsituation**)			
Organisation und Führungskraft setzen einen großen Schwerpunkt auf die nachhaltige **Bindung von Mitarbeiter*innen** durch die gezielte Stärkung des **affektiven Commitments:**			
▸ Demokratischer bzw. kooperativer Führungsstil			
▸ Vertrauensvolle Beziehung zwischen Führungskraft und Mitarbeiter*innen			
▸ Regelmäßiger Austausch zwischen Führungskraft und Mitarbeiter*innen			
▸ Soziale Unterstützung durch die Führungskraft			
▸ Stärkung der emotionalen Verbundenheit der Mitarbeiter*innen mit der Organisation			
▸ Förderung von positiven sozialen Beziehungen am Arbeitsplatz			
▸ Förderung hoher Arbeitszufriedenheit			
▸ Großer Gestaltungspielraum bei Arbeitsinhalten und -aufgaben			
▸ Stärkung der Identifikation der Mitarbeiter*innen mit den Werten und Zielen der Organisation			
▸ Regelmäßige Team-Events			
▸ Feiern von Erfolgen und Anlässen			
Organisation und Führungskraft stellen die frühzeitige und kontinuierliche **Gesundheitsförderung von Mitarbeiter*innen** sicher:			
▸ Gesundheits- und Resilienzförderung während des gesamten Berufslebens			
▸ Angebote zur Gesundheits- und Resilienzförderung (physisch und psychisch)			
▸ Schulungen, Seminare, Workshops zu Gesundheits- und Resilienzförderung			
▸ Unterstützung der Teilnahme an Fortbildungen zum Thema Gesundheits- und Resilienzförderung			
▸ Schulungen im Umgang mit Konflikten, Aggression und Gewalt (Deeskalationsmanagement)			
▸ Lebensphasengerechtes Arbeiten und altersgerechte Arbeitsgestaltung			
▸ Hilfsmittel zur Erleichterung der pflegerischen Tätigkeiten			
▸ Wertschätzung, Respekt, Anerkennung, Vertrauen sowie Unterstützung vorherrschend			
▸ Gesundheitsfördernde Arbeitsbedingungen, Ausgewogenheit von Anforderungen und Ressourcen			
▸ Berücksichtigung individueller Bedürfnisse, Lebenssituationen und Belastungsgrenzen			

Lösungsansätze	↑↑	↑	✓
➨ Gesundheitsförderndes Führungsverhalten, Schwerpunkt Gesundheits- und Resilienzförderung			
➨ Vertrauensvolle Beziehungsgestaltung, soziale Unterstützung, v.a. in Belastungssituationen			
➨ Frühzeitiges Erkennen von Belastungsanzeichen, Reduktion von Stressoren, Belastungen, Überforderung bei den Mitarbeiter*innen			
➨ Psychische Gesundheit der Mitarbeiter*innen im Vordergrund			
➨ Regelmäßige Mitarbeitergespräche, Thematisierung von Arbeitszufriedenheit und Bedürfnissen			
➨ Maßnahmen und Strategien zur eigenen Gesundheits- und Resilienzförderung als Führungskraft			

↑↑ Nicht etabliert, es besteht Handlungsbedarf
↑ Etabliert, aber es besteht Optimierungsbedarf
✓ Etabliert und hat sich bereits gut bewährt

(Eigene Darstellung)

Abschließend gibt es die Möglichkeit, gemeinsam mit den einzelnen Mitarbeiter*innen im Rahmen von Einzelgesprächen einen „**Quick-Check**" zu den Bleibefaktoren durchzuführen und zu reflektieren, wie zufriedenstellend sich Maßnahmen zur Stärkung der Bleibefaktoren für die einzelnen Mitarbeiter*innen gestaltet haben. Dieser Rahmen schafft die Möglichkeit, gemeinsam zu reflektieren, in welchen konkreten Situationen die Unterstützung sowohl in den letzten Monaten als auch aktuell zufriedenstellend oder weniger zufriedenstellend verlaufen ist. Zusätzlich wird reflektiert, welche konkreten und gezielten Bindungsmaßnahmen sowie individuellen Anreize für einen weiteren Verbleib der einzelnen Mitarbeiter*innen gesetzt werden. Zudem haben die Mitarbeiter*innen die Möglichkeit, Verbesserungsvorschläge einzubringen und ihre individuellen Bedürfnisse und Wünsche für die nächsten Monate anzugeben (Tab. 14).

Tab. 14: „Quick-Check" zu den Bleibefaktoren

Bleibefaktoren (In welchen konkreten Situationen?)	In den letzten 3–6 Monaten	Aktuelle Situation	Für die nächsten 3–6 Monate
Unterstützung von der Führungskraft			
Unterstützung von Teammitgliedern			
Berufliche Förderung & Weiterentwicklung			
Arbeitszufriedenheit			
Gesundheits- & Resilienzförderung			
Konkrete Bindungsmaßnahmen			
Individuelle Anreize zum Verbleib			
Individuelle Verbesserungsvorschläge			

(Eigene Darstellung)

16 Fazit

Die **Bindung von Mitarbeiter*innen** beschreibt einen wechselseitigen, komplexen und dauerhaften Prozess, der von einem dynamischen Zusammenspiel zwischen Mitarbeiter*innen, Führungskräften und Organisation geprägt ist. Er erfordert kontinuierliche Anpassung, viel Flexibilität sowie großes Engagement von allen beteiligten Personen. Dieses dynamische Zusammenspiel findet immer zwischen einer sich verändernden Organisation und sich verändernden Individuen statt. Erfolgreiche und nachhaltige Personalbindung kann nur durch die Verbesserung der **Arbeitszufriedenheit** und die Berücksichtigung der **individuellen Bedürfnisse** der Mitarbeiter*innen erzielt werden.

Um Pflegepersonal in Gesundheitsorganisationen erfolgreich zu binden, braucht es ein tiefgehendes Wissen über die Faktoren, die einen potentiellen Berufsausstieg begünstigen.

Als zentrale **Faktoren** für einen **potentiellen Berufsausstieg** konnten im Rahmen der qualitativen Forschung identifiziert werden:

- Die erste Berufserfahrung
- Strukturelle Rahmenbedingungen
- Dienst- und Freizeitgestaltung
- Belastungen
- Image
- Zukunftsperspektiven

Der **Ausstieg** aus dem Pflegeberuf stellt für die betroffenen Gesundheitsorganisationen ein zentrales Problem dar. Er führt zu einem zusätzlichen **Personalmangel**, zu einem weiteren Anstieg der **Belastungen** des bereits vorhandenen Personals, erfordert die ressourcenaufwändige **Rekrutierung** und **Einarbeitung** neuer Mitarbeiter*innen, führt zu einem Verlust von Wissen und Know-how und hat letztendlich auch negative Auswirkungen auf die Arbeitszufriedenheit der vorhandenen Mitarbeiter*innen sowie auf die Qualität der Dienstleistungen.

Der vorzeitige Berufsausstieg von Pflegenden bedeutet nicht nur eine Verschärfung des Personalmangels, sondern bringt letztendlich auch eine gesamtgesellschaftliche Herausforderung mit sich, denn dieses Problem betrifft nicht nur den Pflegebereich, sondern hat auch unmittelbare Auswirkungen auf die **Gesundheitsversorgung der Gesamtbevölkerung**.

Oberstes Ziel ist es, die vorhandenen und die nachkommenden Pflegepersonen mit gezielten Maßnahmen zur **Personalbindung** nachhaltig an die Organisationen zu binden und dadurch den langfristigen **Verbleib im Pflegeberuf** sicherzustellen.

Aufgrund der Komplexität in der Versorgung, der hohen Zahl an Pflegebedürftigen und der herrschenden Arbeitsbelastung brauchen Pflegende beim **Berufseinstieg** ein hohes Maß an fachlicher, sozialer und emotionaler Unterstützung im Rahmen eines umfangreichen **Mentoring-Programms**. Für den Identifikationsprozess und die Zurechtfindungsphase in der beruflichen Anfangszeit benötigen die Pflegenden gute Strategien für die Stärkung der eigenen Resilienz, um das Risiko eines frühzeitigen Berufsausstieges zu minimieren.

Im Laufe ihres **Berufslebens** sind Pflegepersonen mit vielfältigen Belastungen konfrontiert. Dies kann dazu führen, dass sie immer wieder darüber nachdenken, ob sie im Beruf bleiben oder aussteigen wollen. Sie befinden sich zudem immer wieder in einem **Spannungsfeld** im Sinne eines „inneren Konflikts" oder einer „inneren Zerrissenheit". Erhalten sie in diesen Situationen zu wenig Unterstützung von der Führungskraft, dem Team und der Organisation, besteht ein hohes Risiko für einen Berufsausstieg. Mit 45% denkt fast jede zweite Pflegeperson in der Akutpflege immer wieder an einen Berufsausstieg.

Um Pflegepersonal in Gesundheitsorganisationen erfolgreich zu binden, braucht es zudem ein tiefgehendes Wissen über die Faktoren, die einen Berufsverbleib stärken können.

Als zentrale **Faktoren** für einen **Berufsverbleib** konnten im Rahmen der qualitativen Forschung identifiziert werden:

- Sinnerfülltes Arbeiten
- Unterstützung vom sozialen Umfeld
- Das Team
- Die Führung
- Die Orientierung an den Mitarbeiter*innen

Für Pflegepersonen bildet **sinnerfülltes Arbeiten,** d. h. das Erleben von Sinnhaftigkeit des eigenen Tuns im beruflichen Kontext, die Grundlage für die Berufsausübung im Pflegebereich. Das Sinnerleben fördert und stärkt den Berufsverbleib. Geht es verloren oder wird es zu stark von den Faktoren beeinflusst, die einen Berufsausstieg begünstigen, oder wird es zu sehr von den vielfältigen Belastungen des Pflegeberufes überlagert, besteht das Risiko eines Berufsausstieges.

Zu jedem Zeitpunkt der Berufsausübung kann es immer wieder zu Situationen kommen, in denen die Fähigkeit des **Self-Empowerments** von zentraler Bedeutung für den weiteren Berufsverbleib ist. Zudem werden **Erfolgserlebnisse** als wichtig empfunden und bestätigen die Pflegenden in der Sinnhaftigkeit ihrer Arbeit. Die vertrauensvolle, intensive und begleitende Unterstützung von **Familie** und Freundeskreis in Form von regelmäßigen „Entlastungsgesprächen" wirkt sich ebenfalls positiv auf den Berufsverbleib aus.

Ein starker Teamzusammenhalt stellt für das Pflegepersonal einen entscheidenden Faktor dar. Mit 89% zeigt sich, dass sich der Großteil der Pflegenden auf die Unterstützung der Teammitglieder verlassen kann, d. h. dass ein guter **Teamzusammenhalt** vorhanden ist. Dieser stellt eine zentrale Ressource für die Bewältigung der vielfältigen Herausforderungen in der Pflegepraxis dar.

Je stärker die Mitarbeiter*innen sozial in die Organisation eingebunden sind, desto stärker wirken die **Bindungsfaktoren**. Langjährige soziale Beziehungen am Arbeitsplatz, die individuelle Identifikation mit den Organisationszielen und die gute Vereinbarkeit der privaten Lebensumstände mit dem Arbeitsplatz erhöhen die **soziale Eingebundenheit**.

Der **Führungskraft** kommt bei der Bindung von Mitarbeiter*innen eine **Schlüsselrolle** zu, da das Führungsverhalten einen unmittelbaren Einfluss auf den Verbleib der Pflegenden ausübt. Um diese nachhaltig an die Organisation zu binden, bedarf es eines Führungsverhaltens, welches von Kooperation und Kommunikation geprägt ist, den Aufbau und die Aufrechterhaltung von vertrauensvollen und **tragfähigen Beziehungen** zu den einzelnen Mitarbeiter*innen sowie die Berücksichtigung ihrer **individuellen Bedürfnisse** und Lebenssituationen zum Ziel hat.

Als zentrale **Führungsqualitäten** konnten im Rahmen der qualitativen Forschung folgende Punkte identifiziert werden:

- Beachtung eines gegenseitigen respektvollen und wertschätzenden Umgangs
- Berücksichtigung und Zufriedenstellung der individuellen Bedürfnisse der Mitarbeiter*innen
- Stärkung des Gemeinschaftsgefühls im Team
- Sicherstellung von Rückhalt und Unterstützung – vor allem in schwierigen Situationen
- Signalisierung einer kontinuierlichen Gesprächsbereitschaft
- Gezielte Förderung und Weiterentwicklung der Mitarbeiter*innen
- Übernahme und Tragen von Verantwortung
- Klare Kommunikation der Erwartungshaltung
- Konsequente Lösungsorientiertheit bei Problemen
- Vorleben einer positiven Fehlerkultur
- Kontinuierliche Kommunikation mit den Mitarbeiter*innen
- Direkte Unterstützung in der Basisversorgung – vor allem bei Personalausfällen

Einer der wichtigsten Schwerpunkte von Führungskräften besteht darin, die **Arbeitszufriedenheit** der Mitarbeiter*innen zu verbessern und dadurch ihre nachhaltige Bindung an die Organisation zu erzielen. In Organisationen mit einer hohen Arbeitszufriedenheit kommt es zu weniger Konflikten, zu weniger Krankenständen und zu einer geringeren Personalfluktuation. Daher gilt es, als Führungskraft regelmäßige Einzelgespräche mit den Mitarbeiter*innen zu führen, die individuellen Bedürfnisse und Lebenssituationen zu berücksichtigen, auf eine ausgeglichene Work-Life-Balance zu achten und eine kontinuierliche physische und psychische Gesundheits- und Resilienzförderung sicherzustellen sowie den Mitarbeiter*innen insbesondere in schwierigen, belastenden und überfordernden Situationen eine gezielte und umfassende Unterstützung zukommen zu lassen. Es zeigt sich: Je stärker die **soziale Unterstützung** der Führungskraft ist, desto geringer ist das Risiko für einen Berufsausstieg. Es braucht vonseiten der Führungskraft stets das Bewusstsein, dass sich Pflegepersonen in ihrem gesamten Berufsleben immer im Spannungsfeld eines potentiellen Berufsausstieges befinden können.

Die Forschungsergebnisse zeigen, dass deutlich mehr Faktoren für einen Berufsausstieg als für einen Berufsverbleib identifiziert werden konnten. Es lässt sich somit ein **unausgeglichenes Verhältnis** zwischen den Faktoren für einen Ausstieg und den Faktoren für einen Verbleib feststellen. Die Faktoren für einen **Berufsausstieg überwiegen** deutlich. Interessanterweise scheinen die relativ wenigen Faktoren für einen **Berufsverbleib** jedoch stärker gewichtet, d. h. sie scheinen den Pflegenden wichtiger zu sein als die Faktoren für einen potentiellen Berufsausstieg, was den weiteren Berufsverbleib ermöglicht.

Die Ergebnisse zeigen, dass es sich bei beiden Arten von Faktoren um Konstellationen handelt, auf die das Pflegemanagement eindeutig Einfluss nehmen kann: Es kann sie gezielt steuern, gestalten und in der eigenen Organisation nachhaltig verbessern, um die vorhandenen und nachkommenden Pflegepersonen an die Organisation zu binden (**Organisationsentwicklung**).

Ein entscheidender Erfolgsfaktor ist offensichtlich die gezielte **Orientierung an den Mitarbeiter*innen,** die in Zeiten eines bestehenden Personalmangels für Organisationen, Pflegemanagement und Führungskräfte oberste Priorität haben muss. Dazu braucht es die gezielte Förderung und Weiterentwicklung von Mitarbeiter*innen, eine Steigerung der Arbeitszufriedenheit, die Stärkung der emotionalen Bindung an die Organisation sowie eine ganzheitliche Gesundheits- und Resilienzförderung.

In diesem Band wurde eine Vielzahl an unterschiedlichen Maßnahmen für Organisationen, Pflegemanagement und Führungskräfte für die erfolgreiche und nachhaltige Personalbindung in Gesundheitsorganisationen aufgezeigt. Diese **Bindung** kann letztlich nur durch ein erfolgreiches Zusammenspiel von Organisation, Führungskraft und Team sowie den einzelnen Mitarbeiter*innen erzielt werden (Abb. 24). Sie stellt den entscheidenden **Erfolgsfaktor** dar, um die Herausforderungen im Pflegebereich und den Pflegepersonalmangel zu bewältigen. Durch die erfolgreiche und nachhaltige Bindung des Pflegepersonals an die Organisationen wird ein langfristiger **Berufsverbleib** von Pflegepersonen sichergestellt.

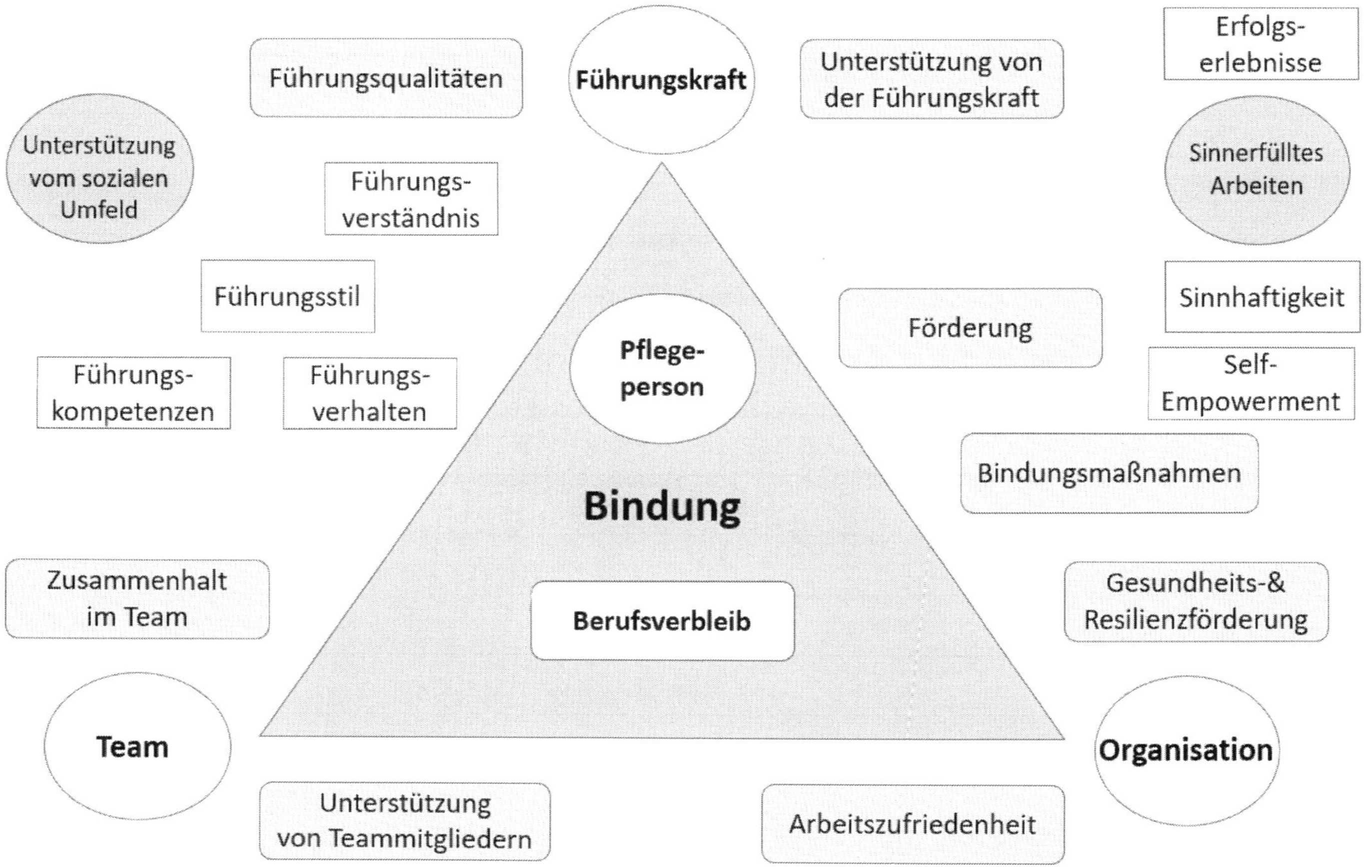

Abb. 24: Erfolgreiche Bindung des Pflegepersonals (adaptiert nach Gferer, 2020)

Abbildungsverzeichnis

Tabellenverzeichnis

Literaturverzeichnis

BAB (2009). Handbuch Mentoring. Grundlagen des Mentorings – Wissenswertes für Mentorinnen und Mentoren. Unternehmensberatung BAB – bewusst anders beraten GmbH (Hrsg.). Retrieved from https://www.vetsuisse.ch/wp-content/uploads/2011/11/09_05_06_Handbuch_Mentoring_MUG.pdf (30.01.2023).

Bartholomew, K. (2009). Feindseligkeit unter Pflegenden beenden. Wie sich das Pflegepersonal gegenseitig das Leben schwer macht und den Nachwuchs vergrault – Analysen und Lösungen. Bern: Huber.

Bendig, H. (2017). Gesundheit für Pflegekräfte im Berufsalltag. Empfehlungen für die betriebliche Gesundheitsförderung und Prävention in der Pflege. Berlin: Initiative Gesundheit und Arbeit (iga) (Hrsg.). Retrieved from https://www.iga-info.de/fileadmin/redakteur/Veroeffentlichungen/iga_Wegweiser/Dokumente/iga-Wegweiser_Gesundheit_fuer_Pflegekraefte.pdf (30.01.2023).

Benner, P. (2017). Stufen zur Pflegekompetenz – From Novice to Expert (3rd ed.). Bern: Hogrefe.

Binder, T. (2021). „Zerrissen sein" – Eine qualitative Erhebung über das Erleben von Pflegepersonen, die im klinischen Kontext mit kindlichen Todesfällen konfrontiert sind, und die daraus abgeleiteten Implikationen für die Aus-, Fort- und Weiterbildung. Masterarbeit an der FH Campus Wien.

BMSGPK (2021). Arbeitsbedingungen in Pflegeberufen. Sonderauswertung des Österreichischen Arbeitsklima Index. Wien: Bundesministerium für Soziales, Gesundheit, Pflege und Konsumentenschutz (BMSGPK). Retrieved from https://broschuerenservice.sozialministerium.at/Home/Download?publicationId=784 (23.05.2023).

Braun, B. & Müller, R. (2005). Arbeitsbelastungen und Berufsausstieg bei Krankenschwestern. Pflege & Gesellschaft 10 (3), 131–141. Retrieved from https://dg-pflegewissenschaft.de/wp-content/uploads/2017/06/PG-3-2005-Braun.pdf (23.05.2023).

Brenner, D. (2020). Onboarding – Als Führungskraft neue Mitarbeiter erfolgreich einarbeiten und integrieren (2. Aufl.). Wiesbaden: Springer Gabler.

Broermann, M., Messemaker, A., Schnoor, H., Gerlach, F. & Sennekamp, M. (2019). Wer profitiert vom Mentoring? Evaluation eines hessenweiten Mentoringprogramms für angehende Hausärzte/Hausärztinnen. Zeitschrift für Allgemeine Medizin 95 (1), 20–25. doi: 10.3238/zfa.2019.0020-0025.

Bußler, M., Gregersen, S. & Nienhaus, A. (2016). Gesundheitsförderliche Führung – Eine explorative Interviewstudie mit Pflegedienstleitungen in Kliniken. Pflegewissenschaft 18 (3/4), 151–163. doi: 10.3936/1336.

Cao, X., Li, J. & Gong, S. (2021). The relationships of both transition shock, empathy, resilience and coping strategies with professional quality of life in newly graduated nurses. BMC Nursing 20 (65), 1–8. doi: 10.1186/s12912-021-00589-0.

Cartaxo, A., Eberl, I. & Mayer, H. (2022). Die MISSCARE-Austria-Studie – Teil III. Missed Nursing Care auf Allgemeinstationen in österreichischen Krankenhäusern: Einfluss auf die Arbeitszufriedenheit und auf die Absicht, den Beruf zu verlassen. Heilberufe Science 13 (2), 61–78. doi: 10.1007/s16024-022-00390-2.

Cartaxo, A., Eberl, I. & Mayer, H. (2022). Missed Nursing Care in Österreich – 84 Prozent der Pflegepersonen müssen notwendige Pflegehandlungen im Krankenhaus weglassen. ProCare 27 (6). doi: 10.1007/s00735-022-1615-7.

Collard, S., Scammell, J. & Tee, S. (2020). Closing the gap on nurse retention: A scoping review of implications for undergraduate education. Nurse Education Today 84, 104253, 1–8. doi: 10.1016/j.nedt.2019.104253.

Dahlgaard, K. (2017). Flexibilisierung der Arbeitszeit – Steigerung der Attraktivität des Arbeitsplatzes oder organisatorische Notlösung zur Krisenbewältigung? Retrieved from https://www.pflegekongress.at/html/publicpages/15125756814285.pdf (23.05.2023).

Dahlgaard, K. & Kleipoedszus, A. (2014). Kompensation von kurzfristigen Personalausfällen im Pflegebereich (I) – Problemstellung und Konzeptentwicklung. Das Krankenhaus, 4. Ausgabe, 317–324. Retrieved from https://docplayer.org/21486559-Probleme-durch-kurzfristigen-personalausfall-im-pflegebereich.html (23.05.2023).

DBfK (2019). Mein Beruf: Pflegen. Sammelband – Inhalte der DBfK-Aktion 2018 mit den Themen „Pflege ist Leistungsfaktor", Arbeitsbedingungen und Lohnniveau sowie Arbeitszeit und Dienstplan. Berlin: Agnes-Karll-Gesellschaft für Gesundheitsbildung und Pflegeforschung (Hrsg.). Retrieved from https://www.dbfk.de/media/docs/download/Allgemein/Mein-Beruf-Pflegen-Broschuere.pdf (30.01.2023).

DBfK (2019). Teilzeit = Ressource bei Fachkräftemangel? Ergebnisse einer Online-Umfrage vor dem Hintergrund des Pflegepersonalstärkungsgesetzes PpSG. Berlin: Deutscher Berufsverband für Pflegeberufe (Hrsg.). Retrieved from https://www.dbfk.de/media/docs/download/Allgemein/Broschuere_Teilzeitumfrage_2019-10_10_web.pdf (30.01.2023).

DBfK (2021). Positionspapier – Skill-Grade-Mix im Krankenhaus. Berlin: Deutscher Berufsverband für Pflegeberufe (Hrsg.). Retrieved from https://www.dbfk.de/media/docs/download/DBfK-Positionen/Positionspapier_Skill-Grade-Mix-2021.pdf (30.01.2023).

DGFP (2014). DGFP-Praxispapiere – Work-Life-Balance. Praxispapier (1/2014), ISSN 1613-2785, 1–13. Düsseldorf: Deutsche Gesellschaft für Personalführung (Hrsg.). Retrieved from https://www.dgfp.de/fileadmin/user_upload/DGFP_e.V/Medien/Publikationen/Praxispapiere/201401_Praxispapier_Work-Life-Balance.pdf (30.01.2023).

Dolezalek-Frese, A., Ernst, R., Häußler, A., Kieninger, C., Oberländer, M., Weiß, G. & Knüppel, J. (2014). Kompensation von Personalausfällen in der Pflege. Ein Projekt der Bundesarbeitsgemeinschaft (BAG) Pflege im Krankenhaus. Berlin: Deutscher Berufsverband für Pflegeberufe (Hrsg.). Retrieved from https://www.dbfk.de/media/docs/expertengruppen/pflege-im-krankenhaus/BAG-PiK-Kompensation.pdf (23.05.2023).

Draht, K. (2016). Resilienz in der Unternehmensführung – Was Manager und ihre Teams stark macht (2. Aufl.). Freiburg: Haufe.

Elliott, C. (2017). Emotional labour: Learning from the past, understanding the present. British Journal of Nursing 26 (19), 1070–1077. doi: 10.12968/bjon.2017.26.19.1070.

Fitzgerald, A., Frohner, U., Gromer, L., Klemensich, B., Köberl-Hiebler, I., Kristler, M., Thür, G., Seidl, A., Weichselbaumer, O. & Wolf, S. (2021). Führungsbarometer Pflege 2021 – Ergebnisse zur Situation, Attraktivität und Bedeutung der Pflegeführung für die Zukunftsfähigkeit von Gesundheits- und Pflegeorganisationen. Qualitas 20 (4–9). doi: 10.1007/s43831-021-0027-x.

Flato, E. & Reinbold-Scheible, S. (2008). Zukunftsweisendes Personalmanagement. Herausforderung demografischer Wandel – Fachkräfte gewinnen, Talente halten, Erfahrung nutzen. München: mi-Fachverlag.

Fragner, M. (2020). Stabstelle „Deeskalations- und Sicherheitsmanagment" am Neuromed Campus, Linz. Retrieved from https://nags.at/wissen/stabstelle-sicherheits-und-deeskalationsmanagement-am-kepler-universitatsklinikum-linz/ (30.01.2023).

Freund, J. & Mischer, N. (2016). Krankenhäuser, Pflegeheime und Pflegedienste als Unternehmen. In: Conzen, C., Freund, J. & Overlander, G. (Hrsg.). Pflegemanagement Heute (2. Aufl.). München: Elsevier, 141–168.

Freund, J., Zweiniger, L. & Birkenfeld, R. (2016). Pflegefach- und Pflegehilfskräfte führen. In: Conzen, C., Freund, J. & Overlander, G. (Hrsg.). Pflegemanagement Heute (2. Aufl.). München: Elsevier, 277–304.

Gferer, A. (2020). Ausstieg oder Verbleib von diplomierten Gesundheits- und Krankenpfleger*innen im Pflegeberuf. Bedeutung für das Pflegemanagement im Krankenhaus – Eine qualitative Erhebung. Masterarbeit an der FH Campus Wien.

Gferer, A. & Radinger, O. (2021). Ausstieg oder Verbleib von diplomierten Gesundheits- und Krankenpfleger*innen im Pflegeberuf in Österreich – Bedeutung für das Pflegemanagement im Krankenhaus. Österreichische Pflegezeitschrift 74 (2), 18–24.

Gferer, A. & Gferer, N. (2021). GuK-C19-Studie: Gesundheits- und Krankenpfleger*innen während der COVID-19-Pandemie in Österreich – Arbeitssituation und Gedanken an einen Ausstieg aus dem Pflegeberuf. Österreichische Pflegezeitschrift 74 (4), 11–16.

Goktas, S., Gezginci, E. & Kartal, H. (2022). The Effects of motivational messages sent to emergency nurses during the covid-19 pandemic on job satisfaction, compassion fatigue, and communication skills: a randomized controlled trial. Journal of Emergency Nursing 48 (5), 547–558. doi: 10.1016/j.jen.2022.06.001.

Hämmig, O. (2018). Explaining burnout and the intention to leave the profession among health professionals – a cross-sectional study in a hospital setting in Switzerland. BMC Health Services Research 18 (1), 1–11. doi: 10.1186/s12913-018-3556-1.

Hasselhorn, H., Müller, B., Tackenberg, P., Kümmerling, A. & Simon, M. (2005). Berufsausstieg bei Pflegepersonal: Arbeitsbedingungen und beabsichtigter Berufsausstieg bei Pflegepersonal in Deutschland und Europa. Bundesanstalt für Arbeitsschutz und Arbeitsmedizin (Hrsg.). Bremerhaven: Wirtschaftsverlag NW Verlag für neue Wissenschaft. Retrieved from https://www.baua.de/DE/Angebote/Publikationen/Schriftenreihe/Uebersetzungen/Ue15.html (23.05.2023).

Herzig, T. (2018). Die Kunst des Führens. Sprit+, 9. Ausgabe, 42–45. Retrieved from https://koru.one/wp-content/uploads/sprit-die-kunst-des-fuehrens.pdf (23.05.2023).

Hofbauer, H. & Kauer, A. (2021). Einstieg in die Führungsrolle – Praxisbuch für die ersten 100 Tage (7. Aufl.). München: Hanser.

Hornung, J. (2014). Pflegekräftefluktuation: Mitarbeiterbindung beginnt am ersten Tag. Nachhaltiges Personalmanagement. Heilberufe 66 (1), 20–21. doi: 10.1007/s00058-014-0118-8.

Hornung, J. & Scheuring, O. (2015). Wanted: Pflegekräfte. Heilberufe 67 (9), 52–53. doi: 10.1007/s00058-015-1696-9.

Hussein, R., Everett, B., Ramjan, L., Hu, W. & Salamonson, Y. (2017). New graduate nurses' experiences in a clinical specialty: a follow up study of newcomer perceptions of transitional support. BMC Nursing 16 (42), 1–9. doi: 10.1186/s12912-017-0236-0.

Jung, R. (2020). Führung und Sinn. Plädoyer für einen existenzanalytischen Umgang mit dem Sinnphänomen. Gruppe. Interaktion. Organisation – Zeitschrift für Angewandte Organisationspsychologie (GIO) 51 (2), 177–185. doi: 10.1007/s11612-020-00509-x.

Kanning, U. (2017). Personalmarketing, Employer Branding und Mitarbeiterbindung: Forschungsbefunde und Praxistipps aus der Personalpsychologie. Heidelberg, Berlin: Springer.

Kempny, C. & Breimann, C. (2020). Retention Management im Krankenhaus – Arbeiten im Spannungsfeld der Gesundheitsversorgung. Gruppe. Interaktion. Organisation – Zeitschrift für Angewandte Organisationspsychologie (GIO) 51 (2), 235–248. doi: 10.1007/s11612-020-00521-1.

Klinikum Chemnitz (2021). Leitfaden für das 1:1-Mentoring. Retrieved from https://www.klinikum-chemnitz.de/fileadmin/user_upload/Beruf_und_Karriere/Medic/2021-11-05_Mentoring_Leitfaden_Eins_zu_Eins.pdf (30.01.2023).

Kocks, A. & Segmüller, T. (2019). Kollegiale Beratung im Pflegeteam. Implementieren – Durchführen – Qualität sichern. Heidelberg, Berlin: Springer.

König, J. & Raiß, M. (2020). Dienstplangestaltung – Was Pflegekräfte wissen müssen (2. Aufl.). Hannover: Schlütersche.

Kraft, S. & Drossel, M. (2019). Welche Auswirkungen hat der Fachkräftemangel? Pflegezeitschrift 72 (6), 58–59. doi: 10.1007/s41906-019-0059-6.

Kuokkanen, L., Leino-Kilpi, H., Numminen, O., Isoaho, H., Flinkman, M. & Meretoja, R. (2016). Newly graduated nurses' empowerment regarding professional competence and other work-related factors. BMC Nursing 15 (22), 1–8. doi: 10.1186/s12912-016-0143-9.

Laufer, H. (2007). Vertrauen und Führung – Vertrauen als Schlüssel zum Führungserfolg. Offenbach: Gabal.

Leuzinger, A. & Luterbacher, T. (2000). Mitarbeiterführung im Krankenhaus: Spital, Klinik und Heim (3. Aufl.). Bern: Huber.

Lieb, N. (2010). Pflegemanagement als Beruf: Anforderungen und Aufgaben leitender Pflegekräfte im Krankenhaus. Stuttgart: Kohlhammer.

Lin, L., Huang, Y., Carter, P. & Zuniga, J. (2021). Resilience among nurses in long term care and rehabilitation settings. Applied Nursing Research 62, 151518, 1–6. doi: 10.1016/j.apnr.2021.151518.

Linka, E., Staudacher, D. & Spirig, R. (2021). Commitment des mittleren Pflegemanagements in Veränderungsprozessen – Eine qualitative Studie. Pflegewissenschaft 23 (3), 188–199. doi: 10.3936/11900.

Loffing, D. & Loffing, C. (2010). Mitarbeiterbindung ist lernbar – Praxiswissen für Führungskräfte in Gesundheitsfachberufen. Heidelberg, Berlin: Springer.

Lüthy, A. (2012). Employer Branding: Was Kliniken von anderen Branchen lernen können. Heilberufe Science 3 (2), 18–18. doi: 10.1007/s16024-012-0128-x.

Mackusick, C. & Minick, P. (2010). Why Are Nurses Leaving? Findings From an Initial Qualitative Study on Nursing Attrition. MEDSURG Nursing 19 (6), 335–340. Retrieved from https://pubmed.ncbi.nlm.nih.gov/21337990/ (23.05.2023).

Mathis, K. & Knecht, S. (2023). Agile Learning Journey. Teamentwicklung – Tuckmans Teamphasen. Retrieved from https://agilelearningjourney.com/tag/teamentwicklung/ (30.01.2023).

Meißner, T. (2010). Management versus Mangel – Personalmanagement ist mehr als Disposition vorhandenen Personals. Heilberufe 62 (12), 57–57. doi: 10.1007/s00058-010-1266-0.

Mentzel, W., Grotzfeld, S. & Haub, C. (2017). Mitarbeitergespräche erfolgreich führen: Einzelgespräche, Teamgespräche, Zielvereinbarungen und Mitarbeiterbeurteilungen (12. Aufl.). Freiburg: Haufe.

Mills, J., Chamberlain-Salaun, J., Harrison, H., Yates, K. & O'Shea, A. (2016). Retaining early career registered nurses: a case study. BMC Nursing 15 (57), 1–6. doi: 10.1186/s12912-016-0177-z.

Möller, S. (2016). Einfach ein gutes Team – Teambildung und -führung in Gesundheitsberufen (2. Aufl.). Heidelberg, Berlin: Springer.

Möller, S. (2016). Erfolgreiche Teamleitung in der Pflege (2. Aufl.). Heidelberg, Berlin: Springer.

Mogg, C. & Engel, R. (2022). Erwartungen und Rahmenbedingungen für den Berufseinstieg von Bachelor-Absolvent*innen der Gesundheits- und Krankenpflege – Ergebnisse einer Längsschnittuntersuchung. Österreichische Pflegezeitschrift 75 (5), 8–13.

Montag, H. (2021). Wie optimiere ich mein Ausfallmanagement? Retrieved from https://www.sieda.com/blog/post/dienstplanwissen-ausfallmanagement.php (30.01.2023).

NAGS (2022). NAGS-Austria – Netzwerk Aggressionsmanagement im Gesundheits- und Sozialwesen. Retrieved from https://nags.at/ (30.01.2023).

Oikarainen, A., Mikkonen, K., Juskauskiene, E., Kääriäinen, M., Kaarlela, V., Vizcaya-Moreno, M., MPérez-Cañaveras, R., de Raeve, P., Miha Kaučič, B., Filej, B. & Riklikiene, O. (2021). Leitlinie zur Entwicklung der Mentoring-Kompetenzen von Mentoren für Pflegeberufe. Quality Mentorship for Developing Competent Nursing Students (Hrsg.). Retrieved from https://www.qualment.eu/wp-content/uploads/2021/11/Final_Guideline_QualMent_DE.pdf (30.01.2023).

Overlander, G. & Freund, J. (2016). Teamentwicklung und Mitarbeiterführung. In: Conzen, C., Freund, J. & Overlander, G. (Hrsg.). Pflegemanagement Heute (2. Aufl.). München: Elsevier, 334–362.

Petzold, M., Plag, J. & Ströhle, A. (2020). Umgang mit psychischer Belastung bei Gesundheitsfachkräften im Rahmen der COVID-19-Pandemie. Der Nervenarzt 91 (5), 417–421. doi: 10.1007/s00115-020-00905-0.

Qiang, H. & Radinger, O. (2022). Das Erleben des direkten Berufseinstiegs auf einer Intensivstation – Eine qualitative Befragung von Absolvent*innen des Bachelorstudiums Gesundheits- und Krankenpflege. Österreichische Pflegezeitschrift 75 (6), 10–15.

Reibnitz, C. & Sonntag, K. (2018). Strategien für ein zukunftsorientiertes Personalmanagement: Ältere und jüngere Mitarbeiter – der Mix macht's. Pflegezeitschrift 71 (3), 20–23. Retrieved from https://www.springerpflege.de/aeltere-und-juengere-mitarbeiter-der-mix-macht-s/15458366 (23.05.2023).

Ruhl, S. (2013). Bessere Unternehmenskultur durch Wertschätzung und empathische Führung. Heilberufe Science 4 (1), 9. doi: 10.1007/s16024-012-0148-6.

Sandler, M. (2018). Why are new graduate nurses leaving the profession in their first year of practice and how does this impact on ED nurse staffing? A rapid review of current literature and recommended reading. Canadian Journal of Emergency Nursing 41 (1), 23–24. doi: 10.29173/cjen66.

Scammell, J. (2016). Should I stay or should I go? Stress, burnout and nurse retention. British Journal of Nursing 25 (17), 990–990. doi: 10.12968/bjon.2016.25.17.990.

Schaffner, M. (2020). Motivation und Führung. In: Wagner, D. (Hrsg.). Praxishandbuch Personalmanagement (2. Aufl.). Freiburg: Haufe, 545–623.

Schafmeister, S. (2019). Personalmanagement im Gesundheitswesen. München: UVK.

Schmalzried, L., Fröhlich, F. & Vondermaßen, M. (2021). Dimensionen der Führung: Eine begriffsdefinitorische Grundlegung (ethikorientierter) guter Führung. Leadership, Education, Personality: An Interdisciplinary Journal 3 (2), 45–57. doi: 10.1365/s42681-021-00026-5.

Schmid, B. & Haasen, N. (2019). Einführung in das systemische Mentoring (2. Aufl.). Heidelberg: Carl Auer.

Schneider, J. (2008): Gute Führung in der Pflege. Dortmund: Bundesanstalt für Arbeitsschutz und Arbeitsmedizin – Initiative Neue Qualität der Arbeit (INQA) (Hrsg.). Retrieved from https://www.gesundheitsdienstportal.de/risiko-uebergriff/infoplus/5_7_3.pdf (30.01.2023).

Sczesny, C., Samstag, M. & Mertinat, M. (2021a). Gesunde und verlässliche Dienstpläne. Gesunde und attraktive Dienstplangestaltung in der Pflege – Beispiele aus der Praxis. Praxisbeispiel – Krankenhaus. Hüttenhospital GmbH – Gesunde und verlässliche Dienstpläne. Bundesanstalt für Arbeitsschutz und Arbeitsmedizin (BAUA) (Hrsg.). Retrieved from https://www.baua.de/DE/Themen/Arbeitsgestaltung-im-Betrieb/Arbeitszeit/Arbeitszeitgestaltung-Gute-Praxisbeispiele-Pflege.html (23.05.2023).

Sczesny, C., Samstag, M. & Mertinat, M. (2021b). Gesunde und verlässliche Dienstpläne. Gesunde und attraktive Dienstplangestaltung in der Pflege – Beispiele aus der Praxis. Praxisbeispiel – Stationäre Pflegeeinrichtung. Pflegeeinrichtung in einer Großstadt – Zuverlässige, vorausschauende Dienstplanung. Bundesanstalt für Arbeitsschutz und Arbeitsmedizin (BAUA) (Hrsg.). Retrieved from https://www.baua.de/DE/Themen/Arbeitsgestaltung-im-Betrieb/Arbeitszeit/Arbeitszeitgestaltung-Gute-Praxisbeispiele-Pflege.html (23.05.2023).

Sczesny, C., Samstag, M. & Mertinat, M. (2021c). Gesunde und verlässliche Dienstpläne. Gesunde und attraktive Dienstplangestaltung in der Pflege – Beispiele aus der Praxis. Praxisbeispiel – Krankenhaus. Regio Kliniken GmbH – Ausfallmanagement. Bundesanstalt für Arbeitsschutz und Arbeitsmedizin (BAUA) (Hrsg.). Retrieved from https://www.baua.de/DE/Themen/Arbeitsgestaltung-im-Betrieb/Arbeitszeit/Arbeitszeitgestaltung-Gute-Praxisbeispiele-Pflege.html (23.05.2023).

Seliger, R. (2018). Das Dschungelbuch der Führung – Ein Navigationssystem für Führungskräfte (7. Aufl.). Heidelberg: Carl Auer.

Sorensen, K., Sorensen, J., Andersen, L., Bruun, J., Conway, P., Framke, E., Madsen, I., Nielsen, H., Nordentoft, M., Seeberg, K. & Rugulies, R. (2022). Leadership behaviours and health-related early exit from employment: a prospective cohort study of 55 364 employees. European Journal of Public Health 32 (5), 709–715. doi: 10.1093/eurpub/ckac098.

Staflinger, H. (2019). Personalbedarf und -einsatz in den Oö. Krankenhäusern: Grundlagen – Herausforderungen – Entwicklungsbedarf. Linz: Arbeiterkammer Oberösterreich (Hrsg.). Retrieved from https://ooe.arbeiterkammer.at/service/broschuerenundratgeber/arbeitundgesundheit/B_2019_Personalbedarf_und_einsatz_in_den_ooe_Krankenhaeusern.pdf (30.01.2023).

Stange, L., Mümken, S., Koppelin, F. & Gerdau-Heltmann, C. (2022). Wie nutzen Unternehmen externe Unterstützungsangebote zu psychischer Gesundheit? Ein Blick auf die Dienstleistungsbranchen ambulante Pflege und IT-Dienste. Zeitschrift für Arbeitswissenschaft. doi: 10.1007/s41449-022-00307-9.

Stefan, H. (2019). Aggression und Gewalt in Gesundheitseinrichtungen – Empfehlung zum professionellen Umgang. Retrieved from https://nags.at/wissen/umgang-mit-aggression-und-gewalt-in-gesundheitseinrichtungen/ (30.01.2023).

Stempel, C. & Dettmers, J. (2018). Nicht nur Gesundheit! Zusammenhänge zwischen psychischen Belastungen und Mitarbeiterbindung. Gruppe. Interaktion. Organisation – Zeitschrift für Angewandte Organisationspsychologie (GIO) 49 (3), 241–250. doi: 10.1007/s11612-018-0424-8.

Strametz, R., Raspe, M., Ettl, B., Huf, W. & Pitz, A. (2020). Handlungsempfehlung: Stärkung der Resilienz von Behandelnden und Umgang mit Second Victims im Rahmen der COVID-19-Pandemie zur Sicherung der Leistungsfähigkeit des Gesundheitswesens. Zentralblatt für Arbeitsmedizin, Arbeitsschutz und Ergonomie 70 (6), 264–268. doi: 10.1007/s40664-020-00405-7.

Tewes, R. (2015). Führungskompetenz ist lernbar – Praxiswissen für Führungskräfte in Gesundheitsfachberufen (3. Aufl.). Heidelberg, Berlin: Springer.

Tietze, K. (2020). Kollegiale Beratung – Problemlösungen gemeinsam entwickeln (10. Aufl.). Hamburg: Rowohlt.

Ullrich, A. (2022). Innere Antreiber – Die Antriebskräfte im Leben sind nicht die Dinge, welche Sie anfassen können. Retrieved from https://coaching-ullrich.de/blog/innere-antreiber/ (30.01.2023).

Vathke, S. (2019). Mitarbeiterführung in der Altenpflege – Rituale & Strategien für Ihren Führungsalltag. Hannover: Schlütersche.

Wehner, L. (2015). Verbessern Sie das Betriebsklima. Heilberufe 67 (1), 34–35. doi: 10.1007/s00058-015-1230-0.

Weidenhammer, M. (2017). Führung und Personalmanagement (3. Aufl.). Berlin: Verwaltungsakademie (Hrsg.). Retrieved from https://www.berlin.de/vak/downloads/lehrbriefe/ (30.01.2023).

Welk, I. (2016). Mitarbeitergespräch als Führungsinstrument. Miteinander reden – aber richtig. Heilberufe 68 (1), 46–48. doi: 10.1007/s00058-016-1932-y.

Wirth, L., Jalass, I., Ruppert, N., Büscher, A. & Hülsken-Giesler, M. (2022). Gesundheitsorientierte Führung in der Pflege – Einflussmöglichkeiten der Führungspersonen auf die Gesundheit von Pflegefachpersonen. Pflege & Gesellschaft 27 (4), 322–336.

Wolf, G. (2012). Employer Branding: Wahre Schönheit kommt von innen – Erfolgsfaktor Mitarbeiterbindung. Arbeit und Arbeitsrecht – Die Zeitschrift für das Personalmanagement 67 (8), 470–473. Retrieved from https://wolfgunther.de/wp-content/uploads/2010/03/100790_12_08_01_Erfolgsfaktor-Mitarbeiterbindung.pdf (23.05.2023).

Wolf, G. (2018). Mitarbeiterbindung – Strategie und Umsetzung im Unternehmen (3. Aufl.). Freiburg: Haufe.

Wu, C., Palmer, M. & Sha, K. (2020). Professional identity and its influencing factors of first-year post-associate degree baccalaureate nursing students: A cross-sectional study. Nurse Education Today 84, 104227, 1–5. doi: 10.1016/j.nedt.2019.104227.

Zsifkovits, J., Rappold, E., Schuchter, P. & Rottenhofer, I. (2013). Prognose des Pflegepersonalbedarfs in den Krankenanstalten des Bundeslandes Salzburg – Ergebnisbericht. Retrieved from https://www.salzburg.gv.at/gesundheit_/Documents/publikation_pflegepersonalprognose_salzburg_gesundheitsbereich.pdf (30.01.2023).